AF548423

Friedhelm Wessel

Weißt du noch?

Geschichten und Anekdoten rund um den Pütt

Fotonachweis:

Archive Erwin Paproth, Günter Buchholz, Wolfgang Schubert, Klaus Herzmanatus, Reinhold Kämmerer, Egon Jendral, Friedhelm Wessel

1. Auflage 2011

Druck und buchbinderische Verarbeitung:
Druckerei Steinmeier GmbH, Deiningen

34128 Kassel, Richard-Strauß-Straße 33, Tel. (0561) 9 37 17 38
www.Herkules-Verlag.de
ISBN 978-3-941499-59-1

INHALT

VORWORT

„STADT DER 1000 FEUER"

Der Bergbau in Gelsenkirchen ist schon lange Geschichte. Heute gibt es seit der Schließung des letzten Pütts, der Zeche Ewald/Hugo im April 2000, kein förderndes Bergwerk mehr. Mit der Stilllegung der Kokerei Hassel, die 1953 ihren Betrieb aufnahm und im September 1999 ihren letzten Koks drückte, endete auch eine 117-jährige Kokszeit in der Stadt.

Mit der Entdeckung der Steinkohle im Jahre 1840 und der folgenden industriellen Revolution wurde Gelsenkirchen zu einem wesentlichen Standort der Eisen- und Metall verarbeitenden Industrie. 1847 erfolgte die Gründung der wichtigen Köln-Mindener Eisenbahn. Über den ersten Gelsenkirchener Bahnhof konnten nun auch Güter des alltäglichen Bedarfs für die Bevölkerung transportiert werden. Aber auch Materialien, die für die wirtschaftliche Entwicklung notwendig waren, kamen ins aufstrebende Revier. Schalke, Heßler, Bulmke und Hüllen wurden unter anderem Sitz der Schwerindustrie.
Der Industrielle Friedrich Grillo gründete 1872 in Schalke die Aktiengesellschaft für Chemische Industrie und den Schalker Gruben- und Hüttenverein. 1873 kam es dann in Schalke zur Gründung der Glas- und Spiegel-Manufaktur.
Der Bergbau und die Schwerindustrie haben über Jahrzehnte die Menschen zwischen Ückendorf und Hassel, Feldmark und Bulmke geprägt. Über der Kohle entstand eine Großstadt, die auch außerhalb Deutschlands als „Stadt der 1000 Feuer" bekannt war.

ERWIN PAPROTH

DIE JAHRE AUF DAHLBUSCH

Das Gespenst der Kohlenkrise und die damit verbundenen Zechenschließungen hatten längst die „1000-Feuer-Stadt" Gelsenkirchen erreicht. Kurz bevor die Kumpel in Rotthausen auf der Zeche Dahlbusch die letzte Schicht verfuhren, erreichte eine weitere Hiobsbotschaft die Stadt an der Emscher: Die Zeche Bismarck in Erle wird geschlossen, obwohl der Pütt als modern und die Kohleförderung als effektiv galt. Schon im Vorfeld der bevorstehenden Zechenschließungen in Gelsenkirchen warben Unternehmen, die hinter dem „Weißwurst-Äquator" ansässig waren, um Arbeitskräfte aus dem Revier. So machten sich dann 1966 37 ehemalige Dahlbusch-Kumpel auf den Weg ins hessische Kelsterbach, um hier von nun an ihre „Kohlen" zu verdienen. Mit Erwin Paproth, der seit 1952 auf dem Pütt in Rotthausen tätig war, wechselten auch Manfred Kaminski, Günter Schäfer, Anton Buschek, Fritz Klenk und Helmut Bergmann in einen großen Chemiebetrieb. Diese sechs kannten sich bereits von Dahlbusch. Sie sahen aber keine Zukunft mehr im Revier und ließen sich daher abwerben. Erwin Paproth, der 1938 geboren wurde, erzählt gerne von seiner 14-jährigen Dahlbuschzeit. In seinem Heim in Kelsterbach erinnern unter anderem verschiedene Grubenlampen und der Hauerbrief an die schönen, schweren Jahre in Rotthausen.

„Als wir sechs in Kelsterbach 1966 unsere Arbeit aufnahmen, wunderten sich unsere hessischen Kollegen über unsere reviertypischen Ausdrücke wie Gezähe, Hangendes, Liegendes, Wetter, Streb und Stollen", lacht Ex-Hauer Erwin Paproth.

Den gebürtigen Berliner verschlug es mit seiner vaterlosen Familie nach dem Zweiten Weltkrieg zunächst nach Wattenscheid. Die meisten Schulabgänger fanden 1952 keine Lehrstellen, denn der Jahrgang 1938 war ein geburtenstarker Jahrgang und Ausbildungsplätze gab es damals kaum im Ruhrgebiet.

EINE LEHRSTELLE IM BERGBAU

Doch für den 14-Jährigen musste unbedingt eine Lehrstelle gefunden werden. Er zeichnete und malte gerne, und das reichte damals aus, dass sich in Krefeld ein Malermeister fand, der es mit ihm versuchen wollte. Doch dann kam alles anders: Seine Mutter – die im Krankenhaus in Gelsenkirchen-Ückendorf arbeitete und dort auch eine Unterkunft hatte – tauchte plötzlich mit einem Mann auf. Der war erst kurz zuvor aus der Gefangenschaft zurückgekehrt und wohnte vorübergehend bei seinen Eltern. Erwins Mutter heiratete ihn bald. „Mein Stiefvater hatte sich auch zur Zeche Dahlbusch gemeldet, um so an eine Arbeit und an eine Wohnung für uns zu kommen", berichtet der langjährige Bergmann. Die Dahlbusch-Werksleitung versprach der neuen Familie damals schnelle Hilfe, wenn auch Erwin ebenfalls den Weg zum Pütt finden würde.

An seine Bergbauzeit in Gelsenkirchen erinnert sich der ehemalige Dahlbusch-Kumpel Erwin Paproth noch gerne. In seinem hessischen Heim hat er daher eine Revierecke mit alten Grubenlampen eingerichtet.

STATT EINER WOHNUNG INS „BULLENKLOSTER"

„Was soll's, dann werde ich eben Steiger", sagte sich der junge Wattenscheider. Er bestand die anschließende gesundheitliche Aufnahmeprüfung im benachbarten Gelsenkirchen ohne Schwierigkeiten. Mit der versprochenen Wohnung wurde es erst mal nichts. Dafür zog der 14-Jährige in ein Bergmannsheim („Bullenkloster") ein, der Lehrvertrag wurde unterschrieben und ein Bergmannsbuch ausgestellt. Erwin Paproth erhielt bei seiner Anlegung die Markennummer 4503, mit der er sich überall auf dem Rotthausener Pütt ausweisen konnte. „Mein erster Monatslohn betrug 162,32 Mark", lacht Paproth. Dieses Geld ging aber gleich ans Heim, denn dort hatte er ja Kost und Unterkunft zu bezahlen.
Das „Dahlbusch-Bullenkloster" war ein altes Gebäude. Den Bau gibt es auch heute noch. Hier ist schon seit Jahren das „Volkshaus Rotthausen" untergebracht.

Zum Haupteingang führte eine Treppe, links neben dem Eingang befand sich das Büro des Heimleiters. Dahinter lag die Küche. Eine Köchin versorgte die Bergleute und Auszubildenden mit dem notwendigen Essen. Einmal am Tag gab es eine warme Mahlzeit, um 12 Uhr für die Mittagsschichtler und um 18 Uhr für alle anderen Heimbewohner.
Vor Schichtbeginn bekam jeder Heimbewohner eine Aluminium-Schachtel mit Broten und eine Alupulle mit Tee.

Links und rechts befanden sich Zimmer mit Doppelstockbetten, Stühlen und Spinden. Toiletten und Waschräume waren auf der Stirnseite der Halle. Hier lebten nicht nur Jungbergleute, sondern auch schon ältere Männer, die sich für die Arbeit auf dem Pütt gemeldet hatten. Jungbergmann Erwin bewohnte damals das Zimmer Nummer 4. Seine Bude teilte er mit zwei Jungen aus Bayern. „Oft war es schwer, sie zu verstehen, denn sie verständigten sich in ihrem Heimatdialekt", schmunzelt noch heute der ehemalige Dahlbusch-Kumpel.
An den Fußenden der Betten befanden sich kleine runde Plaketten. Sie hatten folgende Bedeutung: Grün – Frühschicht, rot – Mittagsschicht, schwarz – Nachtschicht und weiß galt für krank, frei oder Urlaub.
Die Betten mussten die Hausbewohner selbst machen. Frische Bettwäsche gab es einmal die Woche. Ab 22 Uhr durften die Kumpel das Haus aber nicht mehr verlassen.
„Es war eine angenehme Zeit für mich, denn hier fand ich viele neue Freunde", erinnert sich Paproth.

ARBEITEN IN SCHWARZER TIEFE

Der Weg zur Lehrwerkstatt führte durch das Zechentor zum Schacht 8. Dort holte man sich die Markennummer, ging durch die Eingangshalle, wo ringsherum in Schaltern, hinter Glasfenstern, die Reviersteiger saßen. In der Kaue wechselte man die Kleidung, um dann pünktlich vor dem Büro des Lehrsteigers zu stehen. Das Arbeitszeug hing an langen Ketten unter der Decke. Zum Umziehen wurde das heruntergelassen. Die älteren Kumpel rauchten noch schnell eine Zigarette, dann ging es zur Lampenstube und danach zum Schacht. Von der sogenannten Hängebank stiegen die Bergleute in den Korb, der sie in die schwarze Tiefe brachte. Nach Schichtende wiederholte sich die Prozedur in umgekehrter Reihenfolge. Arbeitszeug an den Haken, duschen und in die Straßenkleidung schlüpfen. Dazwischen ein paar hastige Züge an der Zigarette.

UMFANGREICH AUSGEBILDET

„In meinem Jahrgang gab es damals 15 Auszubildende. Wir stellten uns hier nebeneinander vor Schichtbeginn vor dem Steigerbüro auf", erklärt Paproth. Ausbildungsleiter, Steiger Rabeneick, war freundlich und gerecht und er half, wenn die Lehrlinge Probleme hatten. So lernten die Auszubildenden, wie man sie heute nennen würde, bald alle zum Bergmann gehörenden Tätigkeiten kennen. Wichtig war dabei auch, ähnlich einem Sanitäter, bestimmte Hilfeleistungen für den Notfall kennen zu lernen; denn immer wieder kam es zu kleinen und großen Unfällen im Bergwerk.
Aber auch Schreiner-, Schlosser-, Schmiede-, Elektroarbeiten gehörten zur Ausbildung. Außerdem lernten die Lehrlinge Lampen- und Markenstube, Hänge- und Lesebank kennen. An der Lesebank wurden Steine geklaubt. Das tote Gestein musste aus der Kohle sortiert werden. Eine Arbeit, die bei den meisten nicht sonderlich beliebt war. Die Steine kamen danach auf die Halde. Später kehrten sie zerkleinert als sogenannter Blasversatz in die Grube zurück.

Nach der harten Maloche unter Tage traf sich der ehemalige Bergmann Paproth noch mit seinen Kumpel auf ein Bier in einer der damals noch zahlreichen Kneipen im Schatten seines Pütts.

Im Oktober 1954 war es für Erwin Paproth endlich so weit: Er durfte erstmals einfahren. Sein Arbeitsplatz: „Revier 1 Flöz Karl" in fast 900 Metern Tiefe. Er erhielt zuvor einen Lederhelm, eine Handlam-

pe und einen CO-Filter. Später wurde die Ausrüstung verbessert: Ein moderner Helm, Kopflampe und Sicherheitsschuhe.
An der Revierladestelle musste der junge Bergmann die Etikettnummern an den Waggons befestigen. Über Tage wurde dann gezählt, wie viele Wagen aus welchem Revier stammten. Die Hauer wurden pro geförderter Tonne entlohnt.
Später arbeitete Erwin Paproth beim Holztransport für den Flözausbau.

ERLEICHTERUNG NACH LANGEM ABSTIEG

„Einmal mussten wir in einen Blindschacht heruntersteigen, denn die Fördermaschine war defekt", erzählt Paproth. Fast 50 Meter tiefer lag die Sohle, die die Kumpel erreichen mussten. Die Holzleitern befanden sich neben den Gleitschienen des Fördergefäßes. Es war eng und rutschig. Im Schacht war es feucht, neblig und sehr warm. Die Kumpel schwitzten. Hemden und Hosen klebten an ihren Körpern. Sprosse für Sprosse ging es tiefer. Die schweren Elektrolampen hingen am Hosengürtel neben CO-Filter und Trinkflasche. Paproth erinnert sich noch ganz genau: „Wir waren erleichtert und froh, als wir endlich die Sohle erreicht hatten."

GELD GAB'S AM REVIERSCHALTER

Lohn gab es dreimal im Monat. Die Kumpel holten sich die Abschläge am 15. und 25. eines jeden Monats vom Revierschalter ab. Das Geld erhielten die Kumpel in einer Lohntüte nebst Quittung. Am 5. des nächsten Monats gab es die Endabrechung. Rund 450 Mark verdiente ein Bergmann wie Erwin Paproth zu jener Zeit im Monat.

GEFÄHRLICH WAR ES IMMER

Im August 1955 ereignete sich auf Dahlbusch eine Schlagwetterexplosion mit Grubenbrand. 42 Bergleute kamen dabei ums Leben. An diesem Tag hatte Erwin Paproth Frühschicht und befand sich zum Glück nicht auf der Zeche. Er ruhte sich gerade im Hof, in der Sonne liegend, von der schweren Arbeit auf dem Pütt aus, als plötzlich die Sirenen heulten: Alarm ... Unglück, Katastrophe! Erwachsene schrien: „Da ist was passiert!" Neugierig liefen viele Rotthausener, darunter auch Erwin Paproth, zum Schacht. Sie erfuhren jedoch nichts. Erst später trat der Werksdirektor vors Tor und klärte die Anwesenden auf. Noch war die Explosion von 1950 mit 78 Toten allen Rotthausern in guter Erinnerung.
„Auch mein Bruder war 1955 unter Tage. Wir machten uns daher

verständlicherweise große Sorgen um ihn. Er arbeitete, wie sich danach herausstellte, sogar in der Nähe des Unglücksortes", erzählt Paproth. Sein Bruder hörte an jenem Augusttag des Jahres 1955 den Knall, spürte den Luftzug und rannte mit anderen Kumpel zum Schacht.
Er kehrte danach der Zeche für immer den Rücken. Der Schrecken und die Angst saßen einfach zu tief. Danach versuchte er sich als Dachdecker.

Einen Kumpel von Erwin Paproth hätte es damals beinahe erwischt: Günter Schäfer, der mit ihm 1966 nach Kelsterbach zog. Schäfer wurde 1955 mit den Verletzten und Toten aus dem Unglücksbetrieb von Helfern geborgen. In der großen Schacht-Halle wurde er wach und blickte verwirrt um sich. Erst nach der ärztlichen Behandlung durfte er sich von den Eltern, die inzwischen zum Pütt geeilt waren, umarmen lassen. Günter Schäfer hatte die Explosion körperlich unbeschadet überstanden, doch seine Seele litt wohl sehr unter dem Vorfall. Der Schock saß tief. Er war zu der Zeit Klassensprecher in der Berufsschule. Doch selbst das war ihm zu viel. Er gab das Amt ab.

ARBEITEN ALS KNAPPE IN 900 METERN TIEFE

Die Lehre schloss Berglehrling Paproth im März 1956 mit guten Noten ab. Er erhielt den Knappenbrief und wurde zum Schacht 6 versetzt. Hier gehörte er nun einer Blaskolonne an. Horst war sein damaliger „Baas", sein Vorarbeiter.
„Der Förderkorb sauste mit einer Geschwindigkeit von über acht Metern pro Sekunde auf die Sohle in fast 900 Metern Tiefe. Der Weg zum Streb dauerte dann noch etwa 30 Minuten", berichtet Paproth. Vor Ort versammelte sich die Mannschaft an der sogenannten Gezähekiste, um vom Baas zu erfahren, was ihm der Steiger aufgetragen hatte. Aus der Kiste nahmen die Kumpel dann Sägen, Hämmer und anderes Material mit in den Streb. Ihre Butterbrote, auch Dubbels genannt, brachten sie an langen Drähten an – eine Vorsichtsmaßnahme – denn die Mäuse hatten auch Hunger. Getränke waren auch immer in Nähe der Blasmannschaft, denn im Revier war es sehr warm.
Schießlich wurde Erwin Paproth zu den sogenannten Raubern versetzt.

„MUTTERKLÖTZCHEN" UND DEPUTAT

Bevor sie die Eisenstempel und Kappen samt Schuhen aus dem „Alten Mann" (ausgekohlter Teil des Flözes) „rauben" konnten, musste das „Hangende" gesichert werden. Dafür benötigten Erwin Paproth und seine Kumpel Holzstempel und Schalholz. Das Material besorgten sie sich aus der oberen Strecke. Paproth schmunzelt: „Vom Holz blieb natürlich immer etwas übrig fürs ‚Mutterklötzchen.'" Es war einen halben Fuß und drei Finger lang (etwa 25 cm) und wurde mit Draht umwickelt und mit dem Beil in einen Quadratzentimeter große Stücke gespalten. Die Bergleute brauchten es daheim zum Anmachen des heimischen Küppersbuschofens. Kohle bekamen die Kumpel ja von der Zeche als Deputat. Manchmal blieb sogar noch etwas „Schwarzes Gold" übrig. Wer Geld benötigte, verkaufte die Kohlen weiter. Es war zwar nicht erlaubt. Aber ...

HAUERBRIEF

DER

Erwin Papproth

GEB. AM 25.1.38 IN Berlin
HAT NACH ERFOLGTER AUSBILDUNG AUF

der Zeche Dahlbusch

IN DER PRÜFUNG AM 21. Sept. 1961
SEINE BEFÄHIGUNG ALS HAUER NACH-
GEWIESEN.

lsenkirchen, DEN 21. Sept. 1951

DER LEITER DES BERGAMTES

DER WERKSDIREKTOR
BERGWERKSGESELLSCHAFT
DAHLBUSCH

Der eingerahmte Hauerbrief von Erwin Paproth hat heute einen Ehrenplatz in seiner gemütlichen Wohnung im hessischen Kelsterbach.

„Nach dem Stempelrauben ließ man den ‚Alten Mann' in Ruhe, er brach von allein ein. So lief das allerdings nur bei Flözen, die niedriger als einen Meter waren. Andere Flöze mussten mit Steinen gefüllt werden, um sie stabil zu halten", erzählt Paproth weiter. Die Steine, die von der Halde über Tage wieder runterkamen, wurden in die große Blasmaschine gekippt und mit Druckluft (vier bis sechs Bar)) über 200 Meter weit zum Ortsende und von hier noch mal fast 300 Meter in den Streb geblasen. Die Basaltrohre waren schwer und von unterschiedlicher Länge.

ZUM BIER INS „HAUS DAHLBUSCH" ODER IN DIE „GASTSTÄTTE PFÜLP"

Erwin Paproth gehörte damals einer Gruppe von acht jungen Männern an. Einer bediente die Blasmaschine, zwei bauten mit Holz vor, zwei Kumpel „raubten" die Eisenstempel und zwei Bergleute führten die Spritze. Einer half da, wo es nötig war. Oft musste das Team Überstunden oder gar Doppelschichten fahren. „Es war eine gute Gruppe", erklärt der Ex-Kumpel. Nur einer aus seiner damaligen Kolonne war verheiratet. Damals war oft nach Schichtende ein Kneipenbesuch angesagt. Sie gingen ins „Haus Dahlbusch" oder in die „Gaststätte Pfülp". Die Freundschaft wurde dadurch noch mehr gestärkt. Die unzähligen Gasthäuser rund um den Pütt hatten sich längst auf die Kumpel eingestellt. Erwin Paproth: „Eine Kneipe war immer offen. Buletten und Soleier standen in Gläsern auf der Theke. Bei vielen Wirten konnte man anschreiben lassen. Bezahlt wurde dann, wenn es den nächsten Lohn gab."

DER BLENDER VON ROTTHAUSEN UND ANDERE TYPEN

An seine damaligen Kumpel erinnert sich der heute in Kelsterbach (Hessen) lebende Paproth noch ganz genau: Fritz, einer seiner damaligen Kumpel, war ein Blender. In seiner Freizeit lief er oft durch Rotthausen, bekleidet mit Anzug und Krawatte. In der Jackentasche steckte stets gut für alle sichtbar die englische Tageszeitung „Times". Doch Fritz konnte weder Englisch lesen noch sprechen.
Horst dagegen war ein sangesfreudiger Typ. Er sang gerne die damaligen Schlager von Freddy Quinn, Lolita oder Willi Hagara.
Friedhelm wiederum war sehr eigensinnig. Er machte, was er wollte. Seine Freundin war oft verzweifelt. Sie suchte ihn damals sehr oft in den unzähligen Kneipen der Stadt. Später heirateten sie.
Herbert war der Kleinste der Gruppe. Er schielte etwas und man wusste nie, mit welchem Auge er seine Kumpel ansah.
Hans war verheiratet, doch in der heimischen Wohnung fühlte er sich nicht wohl. Zu Hause warteten nämlich drei Kinder und die Frau auf ihn. Doch das hielt ihn nicht davon ab, mit anderen Frauen zu flirten.

Christof war ein guter Kumpel, der allerdings immer viel redete. Dann waren da noch Klaus und Herbert. Die arbeiteten ebenfalls im „Paproth-Drittel". Sie bauten damals das Holz im Streb vor.

MALOCHE MIT DEM PICKHAMMER

Der erste Streb, in dem Erwin Paproth damals malochte, war noch mit einer Schüttelrutsche ausgerüstet und die Kohle wurde mit Pickhämmern aus dem Flöz gelöst. Nach einigen Monaten war hier jedoch Förderende. Der zweite Streb – Flöz Karl – war besser geeignet für das Team um Erwin Paproth, weil der um die zwei Meter hoch war, fast 300 Meter lang und am Anfang nicht weit weg von der Hauptstrecke. Die Nebenstrecken oben und unten wuchsen täglich mit dem Strebabbau. Rohre, Strom-, Wasser-, Luftleitungen und die Lutten mussten immer mit verlängert werden.
Für die ganze Länge des Strebes brauchte die Paproth-Mannschaft drei bis fünf Tage, um den „Alten Mann" mit Blasversatz zu füllen. Entsprechend hatte sich der Panzerförderer mehrere Meter weit in die Kohle hineingefressen. Die Basaltrohre waren schwer. Mit Flaschenzügen, die an Kappen festgehakt waren, mussten sie daher hochgezogen und transportiert werden. Mit Maschendraht und Ölpapier trennte die Blaskolonne den Hohlraum zum „Alten Mann" von der ersten Stempelreihe hinter der Kohlenwand. Mit aller Wucht schossen danach die Steine aus dem Rohr. Sobald der Versatz den Abstand sehr verringert hatte, konnte das erste Stück Rohr abgeschlagen und in der ersten und zweiten Stempelreihe abgelegt werden. Hier erfolgte später ein erneuter Zusammenbau.
„Oft bildeten sich sogenannte Stopper", erzählt Erwin Paproth, das war Gestein, dass sich im Krümmer vor Ort angesammelt hatte. Die Kontrollklappe an der Rundung musste nun abgeschlagen werden. Alle fünf bis zehn Meter war im Streb eine Lampe angebracht. Dort steckte man das Kabel des transportablen Telefons hinein und verständigte den Mann an der Blasmaschine. Sonst wurden Nachrichten per Zug an der Lampe getätigt: Einmal ziehen bedeutete „halt", zweimal „auf" und dreimal bedeutete „hängen".

DAHLBUSCH-KAUE FÜR 4000 KUMPEL

Die Dahlbusch-Kaue war eine riesige Halle für fast 4000 Kumpel. Die Kleidung der Kumpel wurde wie üblich aus Platzgründen an einen Haken gehängt und mittels einer Kette einige Meter unter die Decke gezogen. Schlösser sicherten die jeweiligen Kauenhaken. Vor und nach der Seilfahrt trafen sich die acht Kumpel der Paproth-Truppe auf dem breiten Gang zwischen Kaue und Lampenstube, um noch eine Zigarette zu rauchen. Einige ältere Kollegen hatten Priem und Schnupftabak dabei. Die Prisenpulle machte die Runde. Durch die große Eingangshalle – wo die Reviersteiger an ihren Schaltern saßen und schriftliche Arbeiten verrichteten – ging es an der Markenstube vorbei, wo man seine Nummer in einen Kasten warf.

Nach der langen Schicht in den 1950er-Jahren auf dem Pütt: Die beiden Steiger – einer noch mit dem typischen Blitzer (Lampe für leitenden Angestellte) vor der Brust – schauen in die Kamera.

VOM KNAPPEN ZUM HAUER

Anfang 1961 stand plötzlich der Reviersteiger mit einigen Herren der Verwaltung im Streb vor Erwin Paproth. Der Reviersteiger ergriff das Wort: „Es wird Zeit, dass du Hauer wirst. Kumpel Horst geht zum Bund. Wir brauchen dich", richtete er die Worte an Erwin.

Einer der Herren fragte dann: „Wo stehen wir hier?" „Natürlich im ‚Streb Karl, Revier Eins' ...", antwortete Erwin Paproth. Er unterbrach Paproth und setzte nach: „Nein, ich meine natürlich den Hügel, auf dem wir hier stehen." Kumpel Paproth war verunsichert, wusste nicht gleich, was er antworten sollte. Doch der Reviersteiger sprang ein und sagte so, dass es alle hörten: „Das kann doch nur der Sattel sein."
Und bevor Erwin Paproth noch hätte antworten können, entgegnete der Herr der Verwaltung: „Gut, du bekommst den Hauer-Brief." Pa-

proth jedenfalls wusste nicht, wie ihm geschah. So wurde er zum Hauer und gleichzeitig zum Baas.

FAST VERSCHÜTTET

Der inzwischen 23-jährige Hauer übernahm die Bläserkolonne. Alles lief gut. Die Kameradschaft war einfach prima. Doch einmal gab es Komplikationen im Streb.

Wahlen zum Betriebsrat: Kumpel geben in den 1950er-Jahren nach der Schicht ihre Stimmen ab.

Für schwierige Aufgaben war natürlich der Baas höchstpersönlich zuständig. Also nahm Paproth in diesem Fall den fünf Kilo schweren Hammer mit dem langen Stiel und zielte genau auf den Keil. Doch der Stempel, der das Hangende eigentlich halten sollte, sackte zusammen und der junge Bergmann lag unter dem herabbrechenden Steingeröll. Sofort waren die zwei Vorbauer bei ihm und buddelten ihn aus dem Haufen heraus. Nur ein paar blutige Schrammen blieben zurück. Andere Kameraden kamen dazu und boten ebenfalls ihre Hilfe an.
Noch mal Glück gehabt! Fortan wurde noch mehr auf Sicherheit bei der Maloche im Streb geachtet. Die Arbeit ging danach gut voran, und der Verdienst lag mittlerweile bei etwa 750 Mark im Monat.

An einem zweiten Unfall war Erwin Paproth als Helfer beteiligt. Er musste runter an die Stelle, wo ein Stopper im Krümmer zu beseitigen war. Er schlug gerade wie gewohnt die Klappe auf, beseitigte die festgeklemmten Steine, als plötzlich die Lampen im Streb „Alarm" blinkten. Er ließ alles liegen, rannte circa 100 Meter den Streb hinauf und sah die Bescherung: Christof war mit einem Bein zwischen zwei Stempeln am Liegenden eingeklemmt. Ihm war kühl und er wollte sich daher bewegen. Paproth wies ihn an, ruhig liegen zu bleiben und verständigte per Telefon Blasmann Fritz, der den Draht zum Schacht hatte. Sanitäter wurden angefordert. Die Bläsertruppe befreite währenddessen Christof mit Kettenzügen und leisteten – so gut es ging – erste Hilfe. Der Kumpel, so stellte sich danach heraus, hatte sich zweimal das Schienbein gebrochen.

DREI MONATE PATTBERG UND ZURÜCK

„Im Februar 63 muss mich wohl der Teufel geritten haben. Unser Sohn war gerade drei Jahre alt. Ich hatte eine neue, größere Wohnung beantragt. Doch das zog sich hin", resümiert Paproth heute.
Damals jedenfalls machte ein Gerücht die Runde: Die Pattbergschächte in Repelen suchen Bergleute und garantieren eine Neubauwohnung. Paproth sah sich den Ort und den Pütt an. „Das ganze Wohnviertel war neu und manche Häuser noch im Rohbau", stellte er fest. Und eine Neubauwohnung in solch einem Viertel wäre das Allergrößte gewesen.
Das Einstellungsgespräch dauerte nicht lange, und er kündigte auf Dahlbusch, erzählt der ehemalige Gelsenkirchener Bergmann.
Erstaunt war er dann, dass man ihn auf Dahlbusch einfach gehen ließ. Schon nach drei Monaten hatte Hauer Erwin Paproth von Pattberg die Schnauze voll. Er wollte wieder nach Rotthausen zurück. Andere Kumpel meinten dagegen: „Diese Blöße würde ich mir

nicht geben.“ Paproth war es egal. Er sprach wieder beim Obersteiger auf Dahlbusch vor. „Gut, wir nehmen dich“, sagte der, „aber deinen alten Arbeitsplatz kriegst du nicht zurück.“
So kam Erwin Paproth 1963 wieder in sein altes Revier, wurde zwar auf Schacht 6, Revier 1, Flöz Karl eingesetzt, jedoch an anderer Stelle. Seine alten Kumpel begrüßten ihn freundlich. Die hatten inzwischen einen neuen Baas, den er nicht kannte.
Es hatte sich auch einiges andere geändert: Friedhelm hatte geheiratet, Hans war zum vierten Mal Vater geworden, Christof war nach dem Unglück immer noch krank, Herbert musste wegen seiner Augenkrankheit nach über Tage und Fritz hatte jetzt eine Freundin, ging aber immer noch mit der „Times“ in der Jackentasche durch Rotthausen. Der Verdienst betrug mittlerweile 865 Mark im Monat.

ZECHE DAHLBUSCH WIRD GESCHLOSSEN

Ein Gerücht machte bald in Rotthausen und in Gelsenkirchen die Runde. Doch dann wurde es zur Gewissheit: Die Zeche Dahlbusch wird im März 66 geschlossen. Die damaligen Kumpel verstanden es nicht, förderten sie doch unerlässlich gute Kohle. Es half nichts. Paproths Kumpel Helmut brachte in dieser Zeit einmal eine Zeitungsanzeige mit zum Pütt: „Chemiearbeiter im Raum Frankfurt dringend gesucht“. Der Dahlbusch-Bergmann Erwin Paproth meldete sich, bekam einen Termin zur Vorstellung. Nach dreimonatiger Probe erhielt er eine Wohnung zugewiesen und die Umzugskosten wurden sogar vom Werk übernommen. Textilfacharbeiter, Textilmeister, Betriebsrat und Gewerkschaftsfunktionär waren seine weiteren Arbeitsschritte im Raum Frankfurt. In den Ruhestand konnte er schon mit 58 Jahren gehen. Aber an seine Zeit im Revier, in Gelsenkirchen und in Rotthausen denkt er bis heute gerne zurück.

VERSCHULDETE KUMPEL

RHEINELBE HALF MIT DARLEHEN

Im Herbst 1955 staunten die Kumpel der Zeche Rheinelbe nicht schlecht, denn am Schwarzen Brett hing eine Mitteilung der Werksleitung, in der es um „Kreditgeschäfte und Ratenzahlungen" ging. Die Ratenkäufe von Betriebsangehörigen hatten nämlich in den letzten Jahren erheblich zugenommen. Viele Kumpel waren durch unverhältnismäßig hohe Monatsraten in ernste wirtschaftliche Schwierigkeiten geraten.
Das zentrale Lohnbüro von Rheinelbe musste daher einen großen Teil der Arbeitszeit darauf verwenden, die Pfändungsansprüche von Geschäftsleuten zu bearbeiten. So liefen am 1. August 1954 gegen mehr als 1000 Beschäftigte von Rheinelbe Pfändungsklagen in Höhe von einer halben Million Mark. Die Steiger des Pütts verteilten daher Merkzettel, die über ein neues Abzahlungssystem informierten. Das Bergbauunternehmen wollte damit den Auswüchsen im Ratengeschäft entgegenwirken.
Als erstes deutsches Bergbauunternehmen hatte Rheinelbe mit der Sparkasse Gelsenkirchen ein Abkommen abgeschlossen. Damit gewährte die Stadtsparkasse Arbeitern und Angestellten der Firma, die im Gebiet der Stadt und in Wattenscheid arbeiteten, niedrig verzinste Darlehen, für die von der Rheinelbe Bergbau AG Bürgschaften geleistet wurden. Die Arbeitnehmer konnten Darlehen zwischen 200 und 2000 Mark für den Ankauf von Hausrat und Einrichtungsgegenständen beantragen.

SO WAR BEIDEN GEHOLFEN

Die Vereinbarungen waren wie folgt: Es mussten immer zehn bis 15 Prozent der beantragten Kreditsumme als Eigenkapital ausgewiesen werden. Gegen den Antragsteller durfte kein Pfändungsverfahren laufen und er durfte in den letzten drei Monaten nicht unentschuldigt der Schicht ferngeblieben sein. Die Monatsraten durften außerdem ein Sechstel des monatlichen Nettoeinkommens nicht übersteigen.
Bei dem von Rheinelbe entwickelten Darlehnssystem sanken allein die monatlichen Zinsen für einen 1000-Mark-Kredit von den sonst üblichen 120 Mark im Monat auf 50 Mark – rückzahlbar in 15 Monaten. Während am Schwarzen Brett des Rheinelbe-Pütts das neue Darlehenssystem propagiert wurde, warben bereits in der Adventszeit Händler und Geschäftemacher vor dem Zechentor mit dem Slogan: „Die Waren sofort mitnehmen, die erste Rate ist aber erst im April fällig."

Bei Rheinelbe brachte, so stellte sich bald heraus, das neue Darlehenssystem nicht mehr Arbeit. Die Bearbeitungskosten waren nämlich mindestens ebenso hoch wie die Kosten für die Bearbeitungen der lästigen Lohnpfändungen.

AUTORENNEN UNTERM SCHACHTGERÜST

SPEEDWAY AUF DEM „ALMARING"

Dort, wo sich einst das Gelände der Zeche Alma in Ückendorf befand, dröhnten ab Anfang der 1970er-Jahre plötzlich Motoren. Hier entstand ein Motodrom, der „Almaring", der viele Rennfahrer und Interessierte anlockte. Zu den Männern der ersten Stunde gehörten die unvergessenen Charly Haschke und Anton Brenner.

Blick auf die Reste der Zeche Alma (links) und den Hochofen. Im Schatten dieser Kulisse fanden ab Anfang der 1970er-Jahre jahrelang Autorennen statt.

Als Lokalmadator auf vier Rädern machte in jenen Jahren Heinz Klaka auf sich aufmerksam. Er errang damals sogar die deutsche Speedwaymeisterschaft. Sein Trainingsgelände war der „Almaring". Später wurde die Strecke im Schatten der Gelsenkirchener Hüttenwerke weiter ausgebaut. Die Asphaltpiste war damals über 1000 Meter. Auf der 7,5 Meter breiten Rennstrecke gingen an mehreren Wochenenden im Jahr pro Renntag 150 bis 200 Fahrer in verschiedenen Klassen an den Start. Bis Anfang der 1980er-Jahre gab es Rennveranstaltungen auf dem Motodrom, danach wurden keine Genehmigungen mehr erteilt.

Anton Brenner, der rührige Chef der Rennszene, gründete nicht nur die RAG (Rheinische Autorenngemeinschaft), sondern schaffte 1974, was vorher fast unmöglich schien, eine Rennveranstaltung auf einem Autobahnteilstück der heutigen A 42 durchzuführen. Da-

mals befand sich der Emscherschnellweg noch im Bau, und so kam es, dass Brenner die Erlaubnis erhielt, eine Veranstaltung auf dem neuen Asphalt im Raum Bottrop zu starten.
Das Motodrom „Almaring“ auf dem ehemaligen Zechengelände in Ückendorf gibt es schon lange nicht mehr. Nur noch Reste der einstigen Piste sind dort noch zu finden. Die Familie Klaka aus Gelsenkirchen, die einst die Rennszene entscheidend mitprägte, ist bis heute in der Motorsportszene aktiv.

Heinz Klaka aus Gelsenkirchen (links) gehörte in den 1970er-Jahren zu den Stars der deutschen Speedwayszene. Seine Heimatbahn war jedoch der Almaring.

KUMPEL AUF VIER BEINEN

PFERDE UNTER TAGE

Auch auf den Pütts in Gelsenkirchen wurden in den Untertagebetrieben Pferde eingesetzt. Nachweislich waren ab 1878 „vierbeinige Kumpel" auf der Zeche Dahlbusch im Einsatz. Schon 1885 ließ die Zechenleitung unter Tage Ställe für 100 Pferde bauen. In diesem Jahr gab es auch den ersten Einsatz von Grubengäulen auf der Zeche Hugo. Hier schleppten sie noch bis 1949 Kohlenwagen ins Revier und wieder zum Schacht zurück. Der Einsatz der Pferde war streng geregelt. Die Firma Bischoff, der um 1900 etwa 13 000 Pferde gehörten, hatte dazu sogar „Zehn Gebote zur Unfallverhütung" für Pferdeführer herausgegeben.

27 Schichten pro Monat durften die Bischoff'schen Pferde verfahren. Sechs bis sieben Jahre blieben die vierbeinigen Kumpel, die tagtäglich 50 Tonnen pro Kilometer in einer Schicht bewegen mussten, unter Tage. Dabei reichte das Einsatzgebiet der treuen Vierbeiner im Ruhrbergbau bis in eine Teufe von 857 Meter.

Gutsbesitzer Wilhelm Bischoff (1847 bis 1899) war Gründer des Pferdeimperiums im Revier. Später übernahm sein Sohn Ernst (1874 bis 1933) die Firma. Ab 1940 waren die Einsätze der Vierbeiner auf den Zechen jedoch kaum noch gefragt. 1942 waren nur noch 1065 Grubenpferde im Einsatz. So verließ „Alex" als letztes Grubenpferd 1949 die Zeche Hugo, auf Westerholt waren noch bis 1955 Gäule unter Tage eingesetzt.

Der Hauptsitz, eine prachtvolle Villa mit Stallungen und Nebengebäuden der Firma Bischoff, im Volksmund auch „Bischöffliches Palais" genannt, befand sich einst gegenüber dem heutigen Hans-Sachs-Haus, wo heute ein Hochhaus in den Himmel ragt.

Die Bischoffs beteiligten sich nach dem Rückzug aus dem Grubenpferd-Verleihgeschäft unter anderem an Metallwerken, die sich auch auf den Bergbau spezialisiert hatten.

FILMSTADT GELSENKIRCHEN?

EIN ECHTER BERGMANNSFILM SOLLTE ES WERDEN

Er hatte große Filmpläne: Autor Dr. Günter Minia, der 1951 seine Projekte im Gelsenkirchener Hans-Sachs-Haus der staunenden Öffentlichkeit vorstellte. Der ehemalige Dahlbusch-Kumpel Minia hatte zuvor die Drehbücher für die Trilogie „Die drei Getreuen" verfasst. Die Finanzierung des ersten deutschen Kumpelfilms der Nachkriegszeit schien gesichert, als die Panorama-Film und die Charlton-Filmproduktion das Projekt in Gelsenkirchen Vertretern der Stadt, des heimischen Bergbaus und der Presse erläuterten. Aber es kam anders.

Bergwerksdirektor Wilhelm Reimann von der Bergbau AG König Ludwig-Ewald hatte die Pläne von Dr. Günter Minia zunächst mit großem Wohlwollen begrüßt. „Es wird ein Film, der das Leben der Bergleute so schildert, wie es ist", schwärmte Reimann. Die Finanzierung der Trilogie sollte durch die damalige Deutsche Kohlenbergbau-Leitung (DKBL) in Essen und einen durch regierungsseitig abgesicherten Kredit aus Bonn erfolgen. Rund 1,2 Millionen Mark sollte der erste Teil des Filmes mit Hilde Krahl und Karl John in den Hauptrollen kosten. Auch die Exposés für die beiden anzuschließenden Folgen lagen bereits vor.

Im Vorwort von „Die drei Getreuen" kündigte Dr. Minia 1951 die Anschlussfilme „Der Lampenjunge Stennes" und „Kumpel 1420 hat geträumt" an. „Mit dieser Trilogie", so unterstrich der Autor damals, „wird ein Kultur- und Lebensprogramm geboten, das dem Revier eine bestimmte seelische Prägung geben wird."

MANGELNDE FACHKOMPETENZ WARF MAN IHM VOR

Kaum hatte Dr. Günter Minia seine Filmpläne in Gelsenkirchen vorgestellt, da bliesen ihm „plötzlich heftige Wetter ins Gesicht", denn Betriebsobmann Heinrich Schmitt kannte den Autor nämlich aus den Jahren 1949/50, als er noch als Kumpel auf Dahlbusch einfuhr und bald auf dem Pütt unangenehm auffiel.

Wie Schmitt berichtete, war Günter Minia damals erst wenige Monate auf der Zeche in Rotthausen, als er für die Verbandszeitung der IG Bergbau einen phantasievollen Bericht über die bevorstehende 100-Jahr-Feier unter dem Titel „Dahlbusch jubiliert" verfasste.

Der Bericht kam auf der Zeche, so berichtet Schmitt weiter, gar nicht gut an. Und einige Monate später trat der Kumpel mit der Markennummer 1420 wieder literarisch in Erscheinung. Diesmal verfasste er einen haarsträubenden Tatsachenbericht des Grubenunglücks, das sich am 20. Mai 1950 auf der Zeche ereignet hatte. Schmitt erfuhr von dem Artikel, der unter der Überschrift „Auch ich war dabei" in der Gewerkschaftszeitung erschienen war. Aber zu spät, um den Druck zu verhindern, denn, wie sich herausstellte, war Günter Minia zum Zeitpunkt des Unglücks gar nicht auf der Zeche gewesen. Als er von Heinrich Schmitt danach zur Rede gestellt wurde, gab der Gescholtene an, er habe den Bericht nach den Erzählungen eines Kameraden geschrieben.

NIEMALS FIEL EINE KLAPPE

Für die Trilogie, die auf Gelsenkirchener Pütts gedreht werden sollte, fiel deshalb nie eine Klappe, denn die Dahlbusch-Kumpel hatten schon an den Drehbüchern sehr viel auszusetzen. Vor allem am bergmännischen Sachverstand des Autor wurde gezweifelt. Minia, der wohl eine bemerkenswerte Karriere hinter sich gebracht hatte, war nicht nur Bergmann und Autor, sondern er war auch kurzzeitig Superintendent der evangelischen Kirche in der Lausitz gewesen.

1966 kam das plötzliche Ende für den großen Pütt in Rotthausen. Bekannt wurde die Zeche im Jahre 1955, als dort mittels einer „Rettungsbombe" die spektakuläre Bergung verschütteter Kumpel gelang.

Die Rotthausener Kumpel wünschten sich nach der Vorstellung der umstrittenen Drehbücher noch einmal einen Besuch ihres alten Kumpels Minia. Der Dahlbusch-Bergmann mit der ehemaligen Markennummer 1420 aber verschwand für immer aus dem Revier. Schmitt damals: „Der wäre aber sicherlich mit einem blauen Hintern nach Hause gegangen."

Nach diesem Reinfall gab sich die Essener Steinkohlenvereinigung etwas zugeknöpft, wenn es um Drehgenehmigungen oder gar um finanzielle Unterstützung für Filmvorhaben ging.

Grubenunglücke forderten Hunderte Tote

Die Liste der Grubenunglücke, die sich zwischen 1864 und 1986 in Gelsenkirchen ereigneten, ist sehr lang. Seilfahrtunglücke, Schlagwetter- und Kohlenstaub-Explosionen, Grubenbrände und Streb- und Streckenbrüche waren die Ursachen für die Katastrophen. Dabei ereigneten sich die meisten Unglücke in der über 150-jährigen Gelsenkirchener Bergbaugeschichte auf den Zechen Consol und Dahlbusch, gefolgt von Bismarck und Nordstern und den Schachtanlagen Hugo, Hibernia und Wilhelmine Victoria. Auf der Schachtanlage Dahlbusch ereigneten sich in den Jahren 1943, 1950 und 1955 schwere Unglücke, bei denen zusammen 151 Kumpel den Tod fanden.

Als es 1950 auf dem Pütt in Rotthausen zu einer Schlagwetterexplosion kam, verloren 78 Bergleute ihr Leben. 1955 wurde auf diesem Pütt nach einer erneuten Schlagwetterexplosion die berühmte „Dahlbusch-Bombe" entwickelt, die auch heute noch in modifizierter Form bei Grubenrettungen in Bergwerken in aller Welt eingesetzt wird.

Auf der Zeche Rheinelbe ereignete sich 1864 das erste Grubenunglück auf einer Gelsenkirchener Zeche. Damals starben bei einem Seilfahrtunglück drei Kumpel. Auch auf Nordstern (1885) und Bismarck (1912) ereigneten sich danach noch Seilfahrtunglücke, doch als der Abbau des schwarzen Goldes in immer größeren Tiefen stattfand, erhöhte sich auch das Risiko der „schlagenden Wetter". 21 Grubenunglücke in Untertagebetrieben der Gelsenkirchener Zeche waren Schlagwetterexplosionen. Insgesamt 33 Unglücke ereigneten sich im Zeitraum zwischen 1864 und 1986. Betroffen waren die Pütts Alma, Bergmannsglück, Rheinelbe, Hugo, Hibernia, Dahlbusch, Wilhelmine Victoria, Bismarck, Consol und Nordstern.

DIE „DAHLBUSCH-BOMBE“

„HAUPTSACHE, DIE KERLE KOMMEN RAUS ...“

Hauptsache, die Kerle kommen raus“, antwortete Eberhard Au, der angebliche Konstrukteur der legendären „Dahlbusch-Bombe“, die im Mai 1955 erstmals auf der Zeche in Gelsenkirchen-Rotthausen zur Rettung verschütteter Kumpel eingesetzt wurde, als er 1963 nach dem tragischen Grubenunglück von Lengede nach der Rettungskapsel befragt wurde. Denn die Erfindung der Rettungskapsel („Dahlbusch-Bombe“), so stellte sich später heraus, ging nicht, wie zuvor viele glaubten, auf Eberhard Au zurück.

Eberhard Au, der 1921 in Bad Kreuznach geboren wurde und an der Bergakademie von Clausthal-Zellerfeld studierte, kam nach dem Unglück auf dem Gelsenkirchener Pütt in die Schlagzeilen. Er hatte die Kapsel zur Rettung der Verschütteten nicht konstruiert und schon gar nicht die Idee dazu gehabt. Das stellte man allerdings erst 1964 fest. Die Idee, eine solche Rettungskapsel zu bauen, stammte nämlich von anderen, und konstruiert wurde sie auch nicht von dem Bergbau-Ingenieur Au (siehe auch weiter unten). Viele wunderten sich damals, dass Au für die Kapsel kein Patent angemeldet hatte – aus gutem Grund, wie sich später herausstellte.
Und in der Tat: „Hauptsache, die Kerle kommen raus“, das war sicher auch beim Unglück von Dahlbusch im Mai 1955 das Wichtigste.
Das letzte große Grubenunglück lag erst ein paar Jahre zurück. Damals, im August 1943, starben 33 Kumpel. Dann, im Mai 1950, ereignete sich auf dem Pütt erneut ein Unglück, bei dem 78 Bergleute starben. Am 7. Mai 1955 gegen 18 Uhr kam es auf Dahlbusch zu einer Katastrophe. Drei Hauer, die im Flöz Wilhelm am Blindschacht 8 zwischen der 10. und 11. Sohle arbeiteten, wurden verschüttet. Bis zur 11. Sohle waren es gerade 42 Meter. Dort saßen der damals 34-jährige Martin Sander, der 33-jährige Heinz Krause und der 18-jährige Manfred Arlt fest. Über ihnen lag der rund 850 Meter hohe „Dahlbusch-Berg“. Der Gebirgsschlag hatte auch die Druckluftleitung zerstört und allen war klar: Dem eingeschlossenen Trio würde bald der Sauerstoff ausgehen. Eine Rettung über die Schachtzugänge war nicht möglich.

RETTUNG DURCH EIN BOHRLOCH

Nach zwei Tagen fiel eine Entscheidung: Die drei Kohlenhauer sollten zunächst über ein Bohrloch mit Luft und Nahrungsmitteln

versorgt werden. Auch an eine Rettung durch dieses Loch, das für die Rettung der Bergleute gegebenenfalls von 143 Millimeter auf 403 Millimeter geweitet werden musste, dachte man. Am 9. Mai gegen 18 Uhr begannen die Bohrarbeiten in einer Tiefe von 855 Metern, von einem etwa 150 Meter von den Eingeschlossenen entfernten Schacht aus. Durch das erste Bohrloch wurden die Eingeschlossenen zunächst mit Lebensmitteln versorgt, dann half eine Großbohrmaschine, die eingeschlossenen Kumpel nach vier Tagen und 18 Stunden zu erreichen.
Zeitgleich fertigten Spezialisten in den über Tage liegenden Dahlbusch-Werkstätten die Rettungsbombe nach den Entwürfen von Eberhard Au an (wie man in jener Zeit glaubte). Für die Berechnung der Zielbohrung war der junge Ingenieur Wilhelm Tax zuständig. „Gott sei Dank ist mir das damals gelungen", meinte der ehemalige Dahlbusch-Mitarbeiter. Nach 125 Stunden war das Rettungsgerät schließlich einsatzfähig. Willi Kipp, der damalige Oberführer der Dahlbusch-Grubenwehr, ließ sich schließlich von dem tiefer gelegenen Schacht aus zu den eingeschlossenen Bergleuten Sander, Krause und Arlt hochziehen und half ihnen beim Einsteigen in das neuartige Rettungsgerät. Nach 130 Stunden, am 12. Mai um 22 Uhr, war das Trio endlich wieder frei und wurde auf dem Pütt von seinen Angehörigen begrüßt. Die „Mutter aller Unter-Tage-Rettungskapseln", die „Dahlbusch-Bombe", war geboren. Sie sollte in den nächsten Jahren noch auf anderen Zechen zum Einsatz kommen.

So sieht es unter Tage aus, wenn der „Berg" drückt. Strecken und Sohlen werden daher von Spezialisten immer wieder durchgesenkt.

„DAHLBUSCH-BOMBE" – STREIT UM DIE ERFINDUNG

Neun Jahre nach der spektakulären Rettungsaktion in Gelsenkirchen und ein Jahr nach dem Unglück in Lengede befasste sich eine Kommission des Steinkohlenbergbauvereins aus Essen mit der Entwicklung der „Dahlbusch-Bombe". 1964 sollte der angebliche Erfinder, Ingenieur Eberhard Au, der ja bis dahin als Erfinder der Rettungskapsel galt, mit dem Preis „Zum Ruhme der Menschlichkeit" in seiner Heimstadt Bad Kreuznach geehrt werden. Doch die Erfolge von 1955 (Dahlbusch) und 1963 (Lengede) hatten wohl viele Väter, wie sich bald herausstellte. Nur fünf Tage vor der Preisverleihung im Jahre 1964 ließ die Bergwerksgesellschaft Dahlbusch im wahrsten Sinne des Wortes „die Bombe platzen": „Ingenieur Eberhard Au hat weder die sogenannte ‚Dahlbusch-Bombe' erfunden, noch hatte er an ihrer Konstruktion mitgewirkt", hieß es damals in einer Stellungnahme des Bergwerkes.

SALOMONISCHES URTEIL

Vorausgegangen war eine ausführliche Berichterstattung in den „Ruhr Nachrichten". Zur Klärung des Streites setzte der Bergbauverein einen Ausschuss ein, der die Urheberschaft des Bergungsgerätes feststellen sollte. Alle Beteiligten auf dem Gelsenkirchener Pütt wurden angehört und die Experten kamen danach zu einem salomonischen Urteil:
Es sei das große Verdienst Eberhard Aus, dass er unter persönlichem Einsatz tagelang die Bohrarbeiten zur Rettung der drei Eingeschlossenen verantwortlich überwacht und gefördert habe. Da die Bohrungen zu den drei Kumpel Arlt, Sander und Krause von einer tiefer gelegenen Sohle nach oben erfolgte, ist damit auch geklärt, dass sich Eberhard Au zumindest über weite Strecken der Bergung unter Tage befunden hatte. Seine Hilfe bei der Rettung der Bergleute erschien danach sicher in einem anderen Licht.

Die Möglichkeit zur Erweiterung des Bohrloches habe bei der Rettungsaktion besonders Au als „erstrebenswertes Ziel" verfolgt. Zur gleichen Zeit aber, so stellte der Ausschuss 1964 fest, wurden erstmals von Bergwerksdirektor Heinz Molwitz die Idee und die Konstruktion für ein solches Rettungsgerät entwickelt. Unterstützung erhielt der Gelsenkirchener Bergwerksleiter dabei von Oberbergrat Alfred Drochner. An der weiteren Entwicklung und am Bau haben der damalige Maschinenbauführer Bischoff und Schweißmeister Schulz und weitere Fachkräfte der Anlernwerkstatt mitgewirkt.

Die Kommission kam daher nach der Befragung aller Beteiligten zu dem Ergebnis: „Das Rettungswerk von Dahlbusch war eine echte bergmännische Gemeinschaftsarbeit." Karlheinz Rabas von der Bergbausammlung in Rotthausen erinnerte sich: „Alle am Bau der Rettungskapsel Beteiligten waren schließlich mit der Formulierung einverstanden."

Der Flüssigkeitsverlust während der Arbeit unter Tage ist groß, daher saßen die Kumpel, vor allem, wenn sie in „heißen Betrieben" tätig waren, nach der Schicht auch schon mal in der Kaue zusammen und spülten hier gemeinsam den schwarzen Staub aus den Kehlen.

Unter Tage – reich an Gefahren

1954 ereigneten sich im Steinkohlenbergbau leider viel zu viele le tödliche Unfälle; davon entfielen 15 auf Explosionen. Durch ein System von Sicherheitsvorkehrungen, das immer wieder verbessert wurde, ist die Zahl der Explosionen und Brände im Lauf der Jahre reduziert worden. Für die Explosionen verantwortlich war immer wieder das hochsensible Grubengas C H4, welches sich unter bestimmten Bedingungen in den Schächten ausbreitet. Auch schon am 20. Mai 1950 forderte der Berg von Dahlbusch bei einem furchtbaren Unglück viele Opfer. Damals kamen 78 Kumpel ums Leben.

Die Sicherungsvorkehrungen waren überall gleich, überall von der Bergbehörde mit der gleichen Genauigkeit kontrolliert, was in den letzten Jahren zu einem Rückgang der tödlichen Unfälle in den Pütts geführt hatte. Aber der Berg in Rotthausen (Dahlbusch) schien hier besonders tückisch zu sein. Deshalb standen auf Dahlbusch innerhalb weniger Jahre die schluchzenden Frauen und Kinder zum dritten Mal vor einer langen Reihe von Särgen.

DREI MONATE SPÄTER WIEDER EIN UNGLÜCK

Wie bereits weiter oben dargestellt, ereignete sich im Mai 1955 ein Unglück auf der Zeche Dahlbusch, bei dem die drei Kumpel Martin Sander, Heinz Krause und Manfred Arlt nach einer spektakulären Rettung nach fünf Tagen unversehrt das Licht des Tages erblicken konnten. Als sich dann nur wenige Monate später, im August, erneut auf dem Pütt in Rotthausen eine Schlagwetterexplosion, bei der – wie sich später herausstellte – 41 Bergleute ihr Leben ließen, ereignete, sorgte sich nicht nur Maria Arlt, die Mutter des damals 18-jährigen Manfred Arlt, um ihren Sohn. Der war ja im Mai des Jahres 1955 auch schon eingeschlossen gewesen und glücklicherweise gerettet worden.

Sie schildert wenige Tage nach dem Grubenunglück ihre Eindrücke wie folgt:
„Wir wussten bis zum späten Abend des 3. August 1955 noch gar nichts von dem Unglück. Erst als mein anderer Sohn Ekkehard nach Hause kam, erzählte der uns von dem großen Unglück. Ich war entsetzt und zitterte am ganzen Körper, als ich die Nachricht erhielt, dass Manfred wieder dabei sein sollte. In ganz Rotthausen ging die Nachricht von der Schlagwetterexplosion auf Dahlbusch von Mund zu Mund. Und auch Heinz Krause, der ja auch schon beim Unglück im Mai zu den Eingeschlossenen gehörte, sollte unter den Opfern sein, wurde zunächst vermutet."

Deshalb ging Mutter Arlt mit ihren übrigen Kindern zur Zeche und erfuhr dort, was unter Tage geschehen war: Die Mannschaft mit Manfred und Heinz hatte an diesem Nachmittag zwischen 17 und 18 Uhr einen Luftdruck bemerkt. Sie machten sich zunächst nichts daraus, weil solche Druckwellen beim Schießen immer auftreten. „Dann erfuhren sie aber", erzählte Maria Arlt später, „dass sich in den Revieren 3 und 7 eine Explosion ereignet hatte. Die Männer um Heinz Krause wollten daraufhin sofort ausfahren, aber ihre Vorgesetzten ließen es nicht zu. Manfred und Heinz und die anderen aus der Mannschaft sollten, trotz der Explosion im Schacht, ihre

Schicht regulär beenden. Im betroffenen Teil des Schachtes sahen sie dann die ersten Toten, die nach über Tage gebracht wurden. Manfred war bereits dreimal dem Tod im Berg entronnen. Erstmals im April 1953, dann im Mai dieses Jahres und nun zum dritten Mal." Das war zu viel für ihn. Er verließ danach Dahlbusch endgültig und nahm eine Arbeit in der Fabrik an. Später ist der Ex-Bergmann nach Australien ausgewandert.
Heinz Krause dagegen hatte offensichtlich stärkere Nerven: Er blieb weiterhin Kumpel.

Theodor Heuss kam zur Trauerfeier

Zehntausende von Menschen nahmen am 7. August 1955 an einer Trauerfeier teil, in der die Stadt Gelsenkirchen und der Bergbau von den 41 Toten Abschied nahmen, die auf der Zeche Dahlbusch vier Tage zuvor einer Schlagwetterexplosion zum Opfer gefallen waren. 17 Särge waren neben dem Schacht aufgebahrt, in dem die Gelsenkirchener Kumpel gearbeitet hatten. 24 Männer hat der Berg nicht mehr herausgegeben. „Der Bergmann wie der Seemann", sagte der damalige Bundespräsident Theodor Heuss in seiner Rede auf dem Pütt in Rotthausen, „gehören zu den Urberufen der Menschheit. Sie stehen immer wieder in der unmittelbaren Berührung mit der Natur und ihren Kräften und Gefahren."
Dabei ist der Bergbau wahrhaftig reich an Gefahren. Man sah es daran, dass der Bundespräsident schon einmal, nämlich im Mai 1950, auf demselben Bergwerk stand, um Abschied von verunglückten Bergleuten zu nehmen. 16 Tote konnten zunächst geborgen werden. Von den damals 26 verletzten Kumpeln starben danach noch zwei weitere an den Folgen der Vergiftung.

ERINNERUNGEN AN EIN GRUBENUNGLÜCK

HORSTER ERZÄHLEN IHRE GESCHICHTEN

Auch nach über 50 Jahren fließen noch Tränen, wenn Bergmannsfrauen von den Schicksalen ihrer Männer erzählen und harte Kumpel von einst wischen sich, wenn sie berichten, wie sie damals dem Tod unter Tage entronnen sind, verstohlen das Nass aus den Augenwinkeln. Am 27. Juni 1955, es war ein Sonntag, ereignete sich auf der Zeche Nordstern in Gelsenkirchen-Horst ein schweres Unglück. 14 Kumpel kamen ums Leben.
Jahre später traf sich ein kleiner Kreis von Horstern auf ihrem Pütt, um sich wieder einmal mit den Ereignissen des „Schwarzen Nordstern-Sonntags" auseinanderzusetzen. Darunter waren Frauen von Bergleuten, die damals ums Leben kamen, ehemalige Steiger und Kumpel, die 1955 zur Gruben- und Rettungsmannschaft gehörten.

Ernst Brechthoff, der 1920 geboren wurde, und damals Reviersteiger auf Nordstern war, brauchte an diesem Sonntag nicht zum Pütt. Als er von dem Unglück erfuhr, war sein erster Gedanke: „Hoffentlich sind in deinem Revier keine Kumpel umgekommen." Zu den Toten des Schwarzen Sonntags gehörte der Mann von Elisabeth Wolters. Die Wienerin, die 1926 geboren wurde, erinnert sich gut an die Hilfe der Nachbarn und Freunde, nachdem sie vom Tod ihres Mannes erfahren hatte. Sie hielt es aber in der alten Umgebung nicht mehr aus. Zu viel erinnerte sie in Horst an ihren Mann. Sie zog kurz nach dem Unglück mit ihren zwei Kindern von Horst nach Gelsenkirchen-Buer.

SCHWARZER SONNTAG IN HORST

Zur Grubenwehr, die 1955 auf dem Pütt am Rhein-Kanal eingesetzt wurde, gehörte Heinz Laduch. Der 1924 geborene Bergmann war nach dem 27. Juni vier Tage lang auf Nordstern, um zusammen mit seinen Kollegen nach Überlebenden zu suchen oder die toten Kumpel zu bergen. Fritz Schmidt, der zur Zeit des Unglücks erst 25 Jahre alt war, wurde kurz nach dem Unglück bei Aufräumarbeiten in dem Revier eingesetzt. Auch er erinnert sich noch gut an diesen Tag: „Es war ein komisches Gefühl. Es war ganz ruhig auf dem Pütt."
Mit dem Schrecken davon kam Ernst Kelterbaum. Der 1929 geborene Bergmann sollte eigentlich an diesem Tag eine Sonntagsschicht verfahren. „Ich hätte sie eigentlich gerne angenommen. Das Geld

konnte ich gut gebrauchen. Aber an diesem Tag war ich zu einer Familienfeier eingeladen. Da ging ich hin. Und ich hatte Glück, wie sich Stunden später herausstellte."

Auch der Mann von Henni Kaucor sollte am 27. Juni 1955 eigentlich arbeiten. Doch er tauschte mit einem Kollegen die Schicht. Der kam dann, wie andere, bei dem Grubenunglück auf der bekannten Gelsenkirchener Zeche ums Leben. Die Horster Bergmannsfrau erinnerte sich bei dem Nordstern-Treffen: „Mein Mann hat danach sehr lange gebraucht, um sich von dem Schrecken zu erholen."

Die Zeche Nordstern gehörte im Revier zu den „nassen Zechen", denn dieser Pütt hatte einen direkten Zugang zum Wasserstraßennetz.

Überschwemmung – als Dankeschön gab's warme Socken

Im Februar 1946 standen weite Teile von Gelsenkirchen-Horst und Essen-Karnap unter Wasser. Zwischen den beiden Stadtteilen war nämlich der Damm der Emscher auf einer Länge von 50 Metern gebrochen. Das Wasser richtete einen großen Schaden in Horst und Karnap an. Vier Menschen ertranken damals in den Fluten. Kumpel der Zeche Nordstern, die am Ufer der Emscher liegt, eilten zu Hilfe. Sie wurden zur Instandsetzung der Deicharbeiten eingesetzt. Lohn gab es für die freiwillige Arbeit nicht, sondern alle Helfer erhielten nach dem Einsatz als Dankeschön von der Zechenverwaltung mehrere Paar warme Socken überreicht.

KOHLE WAR NICHT ALLES

FREIZEITHEIM FÜR NORDSTERN-BERGLEHRLINGE

Die Atmosphäre des Blockhauses in der Nähe von Ahlhorn gefiel den Gelsenkirchener Berglehrlingen wohl sehr, denn ab 1957 fuhren jahrelang verschiedene Gruppen von angehenden Nordstern-Kumpel mit der Rheinelbe Bergbau AG zu Freizeiten nach Niedersachsen.

„Diese Ferienfahrten nach Ahlhorn übten auf die jüngeren Auszubildenden eine große Anziehungskraft aus", erinnert sich Ingo Kirchberg, der zu jener Zeit mehrmals in der Ahlhorner Heide weilte.

Erholt und zufrieden kehrten die Teilnehmer dieser 14-tägigen Aufenthalte nach Gelsenkirchen zurück und berichteten ihren Kollegen von der tollen Atmosphäre und den Erlebnissen rund um die bekannte Freizeitstätte.

Untergebracht waren die Nordstern-Berglehrlinge damals in großzügig ausgestatteten Wohnzelten, die über feste Holzfußböden und richtige Betten verfügten. Betreut wurden sie von der Heimleitung, die in einem extra Blockhaus untergebracht war, und etlichen Betreuern.

„Im Gegensatz zu der Unrast des Großstadtlebens im dichtbesiedelten Gelsenkirchen fanden in der Heide die Jugendlichen in der Begegnung mit der Natur wirkliche Ruhe und Erholung. Spiel, Sport, Wanderungen und Bootsfahrten brachten Körper und Geist Gesundheit und Entspannung", schätzte Ingo Kirchberg den Effekt bei den angehenden Kumpeln ein.

Neben dem hohen Freizeitwert für die Jungen aus dem Revier war für viele Nordstern-Auszubildende das Schauen und Besinnen in der Natur ein Erlebnis besonderer Art. Unter sachkundiger Führung lernten sie hier die Welt der Tiere und Pflanzen kennen und bekamen auch Zusammenhänge in der Natur, die den meisten von ihnen vorher fremd waren, vermittelt.

BESUCH VOM DIREKTOR

„Das Blockhaus mit seinen behaglichen Räumen, Kaminfeuern und seinen Einrichtungen für den Aufenthalt bei unfreundlichem Wetter gab den Jungen immer wieder das Gefühl der Geborgenheit, wie es eben nur ein Blockhaus vermitteln kann", resümierte der ehemalige Nordstern-Mitarbeiter Kirchberg.

„Die Urlaubstage in Ahlhorn ließen keine Langeweile aufkommen. Vom Morgen bis zum Abend waren die Berglehrlinge draußen in der Natur. Und nahmen oft nur unbewusst die Eindrücke auf", beschrieb Ingo Kirchberg seine damalige Freizeiteindrücke.

Wie wichtig der Bergwerksleitung das Wohlbefinden der angehenden Kumpel war, zeigt der Umstand, dass sich sogar der damalige Nordstern-Direktor Assessor von Velsen regelmäßig im Sommer in Ahlhorn blicken ließ.

Der Leiter des Bergamtes erläutert die neue „Wetterführung" (Grubenbelüftung) auf Nordstern, dem Pütt, der einmal der nördlichste Schacht des Reviers war.

Vom Berglehrling bis zum Fachschullehrer

Eberhard Lipski stammt aus Pommern. Erst 1952 kam er ins Revier und machte Karriere. Als der Zweite Weltkrieg begann, war Eberhard Lipski vier Jahre alt. Der Krieg hatte die getrennte Familie Lipski nach Rendsburg verschlagen. Von 1946 bis 1952 besuchte er dort eine Realschule. Erst 1949, Eberhard war gerade 14 Jahre alt geworden, traf er seinen Vater wieder. In Schleswig-Holstein lebten die Lipskis, wie viele andere Familien in jenen Tagen auch, sehr beengt, in zwei Zimmern.

Trotz des enormen Unterrichtsausfalls zu Kriegszeiten schaffte Eberhard Lipski den Realschulabschluss. Weil in Schleswig-Holstein die Arbeits- und Ausbildungsplätze rar waren, ließ sich der junge Mann vom Ruhrbergbau anwerben und landete in Gelsenkirchen. Auf der Zeche Wilhelmine Victoria absolvierte er zunächst eine Bergbaulehre. Danach besuchte er die Bergvorschule und die Bergschule. 1960 schließlich erhielt Eberhard Lipski, er war gerade 25 Jahre, eine Anstellung als Steiger auf der Zeche General Blumenthal in Recklinghausen. 1972 nahm Steiger Lipski an einem Betriebsführerlehrgang teil und wurde sechs Jahre später Leiter des betrieblichen Sicherheitswesens. Dann erhielt der Sohn eines pommerschen Buchhändlers eine neue Aufgabe – er wurde Lehrer an der Bergfachschule Recklinghausen. Von 1986 bis 1988 unterrichtete er hier in den Fächern Arbeitssicherheit, Planen und technisches Zeichen. Ein paar Jahre lang blieb er dem Revier noch erhalten, dann, 1992, zog er sich wieder nach Schleswig-Holstein zurück, wo er auf der Insel Pelworm ein sturmumbraustes Domizil bezog.

Eberhard Lipski, der seit 1992 wieder in Norddeutschland lebt, lernte in den 1950er-Jahren auf der Zeche Wilhelmine Victoria den Beruf des Bergmanns.

AUF KOHLE GEBOREN

ERINNERUNGEN AN DAS LEBEN RUND UM DIE ZECHE SCHOLVEN

Die Bilder der Zeche und der Geruch haben sich bei Frank Klemke tief in seinem Innern eingebrannt. Auch fast 50 Jahre nach der Schließung des Pütts in Scholven erinnert sich der Gelsenkirchener noch gut an die Zeche, die Kokerei und an die Kolonie. Auch der Vater Franks malochte damals schon auf Scholven, zwar nicht als Bergmanns, sondern als Angestellter im Magazin. Schon Vater Klemke, der Magazinmitarbeiter, konnte es gar nicht verstehen, dass ausgerechnet sein Pütt damals geschlossen werden sollte, dabei war die pro Schicht/Mannleistung durchaus akzeptabel. Im Gespräch war damals auch die Schließung von „Schlägel und Eisen" in Langenbochum und der Zeche Waltrop in Waltrop. Doch auf der Strecke blieb das Bergwerk in Gelsenkirchen.
Nun – es war nur der Anfang einer großen Zechenschließungswelle in der ehemaligen 1000-Feuer-Stadt.
„Ich bin auf dem sogenannten Zweckeler Sattel, auf Kohle geboren", betont Frank Klemke. Sein Vater – daran erinnert er sich – sprach nie vom Pütt, sondern er nannte die Zeche Scholven „den Kotten". Vermutlich aus alter Gewohnheit.

KEIN GELD FÜR KNICKERWASSER

Auf dem Weg von der Schule nach Hause kam Frank Klemke damals an der Halde vorbei. Er lief über die Feldhausener Straße und die Glückaufstraße. An der „Haltestelle Lux" hatte er zuvor bei der „Frischtheke" das Straßenbahnfahrgeld für einen Rollmops ausgegeben. Seinen Durst wegen des Rollmops' musste der damalige Schüler stillen, bevor er an den Kühlern des Kraftwerkes vom Block A mit den hohen Schornsteinen vorbeikam. „Denn das Geräusch des rauschenden Wassers hat mich damals fast in den Wahnsinn getrieben", solchen Durst verspürte er, erinnert sich Frank Klemke. Wie gerne hätte er sich damals für einen Groschen eine Flasche „Knickerwasser" bei Glos an der Getränkebude gegönnt. Aber da war ja noch der Schrebergarten, und am Vereinsheim gab es einen öffentlich zugänglichen Wasserhahn. Hier stillte Frank Klemke dann unentgeltlich seinen Durst. Sehr oft holte der Junge in jenen Tagen seinen Vater vom Pütt, aus dem Zechenmagazin, zur Mittagspause ab, denn bis zur Wohnung in der Mentzelstraße war es ja nun nur einen strammen Schuss weit ...

„Ich kann nicht verstehen, dass bei uns keine Kohle mehr abgebaut wird, obwohl die Vorräte noch für etwa 400 Jahre reichen würden", stellte Klemke fest, der, wenn er arbeitslose Kumpel, die mit

Angeln bewaffnet am Wesel-Datteln- oder am Rhein-Herne-Kanal sitzen sieht, staunend auf die mit Kohle beladenden Frachtschiffe schaut. „In unseren Kraftwerken wird australischer Schwefeldreck verbrannt, während wir mit unseren Hintern auf dem besten Anthrazit der Welt sitzen", schimpft der Scholvener, dem der Geruch von Pütt und Kokerei einfach nicht aus der Nase will.

„Aus, vorbei" – auch die gute alte Dampflok wurde ab den 1970er-Jahren auf den heimischen Zechen nicht mehr benötigt. Auf einem Gelsenkirchener Zechengelände wartete dieses schwarze Ungetüm auf seine Verschrottung.

Ein Ministerpräsident machte 1966 Hoffnung

An der Ruhr sterben die Zechen. „Wir befürchten, dass mindestens noch 35 Gruben stillgelegt werden müssen." Das ist die düstere Prognose des Unternehmensverbandes Ruhrbergbau. 16 Millionen Tonnen Koks und Kohle türmen sich bereits auf den Halden. Niemand wollte das schwarze Gold im Jahre 1966 haben. „Die Kohle wird überleben, wenn der Bergbau sich gesundschrumpft", sagte der damalige Ministerpräsident von Nordrhein-Westfalen, Dr. Franz Meyers (CDU). „Selbst bei Entlassung von 60 000 Bergleuten lassen sich neue Arbeitsplätze für alle finden." Meyers kannte die lange wechselvolle Geschichte der Kohlenkrise, die 1958 begann, genau. Aber alle im Revier wussten es längst: An der Ruhr hatte die Zukunft schon begonnen. Mit Erdöl, mit Erdgas. Die nächste Generation würde wohl eine neue Landschaft vorfinden. Ohne qualmende Essen und Schlote, ohne Ruß und Smog.

KUMPEL OHNE ARBEIT

10 000 BERGARBEITER BETROFFEN

Die Zukunft hatte schon begonnen, damals im Jahre 1966, aber mit Schmerzen und Angst. So auch in Gelsenkirchen, der größten Bergbaustadt des Kontinents. Wenn nicht die gelben Schilder wären, wüsste niemand, wo Gelsenkirchen endet und Essen anfängt, so dicht waren die Städte dank des Bergbaus aneinandergewachsen – ein Häusermeer.

Nun ist die Stimmung der Menschen hier trübe – im März 1966. Denn Ende September schließt Graf Bismarck, in drei Wochen die Zeche Dahlbusch. 10000 Bergarbeiter verlieren ihre Arbeit. „Doch alle werden untergebracht", versprach Dr. Degen, der damalige Präsident des Landesarbeitsamtes. Aber 1000 von den 2400 Kumpeln allein der Zeche Dahlbusch hatten bis zu diesem Zeitpunkt noch keine neue Arbeit gefunden. Es sind die Alten, die von der harten Knochenarbeit angeschlagenen, die keiner mehr haben will. Helmut Bahn vom Dahlbusch-Betriebsrat: „Wir dachten, es geht alles glatt. Aber dann kam die Hiobsbotschaft von Bismarck. Also entstand neuer Druck auf dem Arbeitsmarkt in Gelsenkirchen. Da wurde manches Angebot an die Kollegen wieder zurückgezogen. Und in der Stadt wurde davon gesprochen, dass noch ein weiterer Pütt schließt."

„Wir haben uns hochgeschuftet"

Schichtwechsel auf der Zeche Dahlbusch: Schweißbedeckt und schwarz verstaubt kommen die Männer in die Waschkaue. Bedächtig wird die erste Zigarette angezündet. „28 Jahre bin ich Hauer, und nun das. Unser Pütt bekommt den Totenschein. Hast du gesehen, draußen kriecht schon wieder die Abbruchfirma herum." Warum rebellieren die Ruhrkumpel? Warum sind sie nicht froh, dass die elende Plackerei, diese verdammte Drecksarbeit endlich aufhört, fragten manche. „Das verstehst du nicht", lautet dann die Antwort der Kumpel. „Mein Großvater, mein Vater und fünf Brüder haben auf Dahlbusch gearbeitet. Da unten haben wir uns hochgeschuftet. Ein Bruder von mir ist sogar Obersteiger. Unter Tage sind wir hochqualifizierte Facharbeiter. Draußen müssen wir als Hilfsarbeiter wieder von vorn anfangen", sagt ein hagerer Kumpel und nimmt einen tiefen Zug aus der Zigarette.

Angst vor der Zukunft

Ein anderer: „Ich wohne hier um die Ecke. Seit zwanzig Jahren. Wir haben ja alle Zechenwohnungen. Ich gehe in den Autobahnbau, werde sogar gut bezahlt. Aber was bin ich nun?"

Und ein dritte Dahlbuschmann: „Ich habe 18 Jahre vor Kohle gestanden und bleibe im Beruf. Wenn man so lange unten gearbeitet hat, will man nicht mehr umsatteln. Aber ab nächsten Monat bin ich eineinhalb Stunden mit Bus und Straßenbahn unterwegs, muss jeden Tag herüber nach Mülheim an der Ruhr. Bin ein Pendler, der nur noch in Gelsenkirchen schläft."

Alle Kumpel, die im Bergbau blieben, riskierten es, dass auf der nächsten Zeche wieder eine Stilllegungsaktion über sie hereinbrach. Das war die große Unsicherheit, die alle hier lähmte. Niemand wusste, wie der Existenzkampf ausgeht, wann der Bergbau sich „gesundgeschrumpft" hatte. Noch war es eine Schraube ohne Ende. In den Zechensiedlungen hatten die Menschen Angst vor der Zukunft. Auch die Bäcker und Schlachter, der Krämer an der Ecke und der Wirt der Stammkneipe. Die Kumpel blieben weg, sie mussten sparen.

Bei der großen Demo am 19. Februar 1966 in Gelsenkirchen marschierten sogar die Geschäftsleute mit, an der Spitze des Zuges gingen die Geistlichen. „1945 gefragt, 1966 verjagt" und „Wir wollen keine Hilfsarbeiter werden" stand unter anderem auf den Schildern, die durch die Straßen getragen wurden. Die Gelsenkirchener Kumpel verstanden die Welt nicht mehr. Als das Ende für Dahlbusch kam, waren sie fassungslos. „25 Millionen Mark sind doch noch in den vergangenen vier Jahren hier investiert worden", betonte Helmut Bahn vom Betriebsrat, „es ist ein ganz moderner Pütt." Es nutzte alles nichts.

DER KAMPF UM DIE BERGMANNSSIEDLUNGEN

„WER WILL DENN IN SOLCHEN BUDEN WOHNEN?"

Tausende Bergmannshäuschen im Revier sollten in den 1970er-Jahren abgerissen werden. Viele Bewohner aber wollten nicht ausziehen – weil ihnen die Idylle mehr bot als moderne Wohnsilos. Die Zechengesellschaften und ihre Nachfolger kümmerten sich meist nicht mehr um die teilweise in die Jahre gekommenen Gebäude. Der Zahn der Zeit nagte an den Kolonien, die im Schatten von Hochöfen und Fördertürmen so manchen Sturm überstanden hatten. Wilhelm Karkdyk, ein Mitarbeiter der mächtigen Rheinisch-Westfälischen Wohnstätten AG, fragte 1974 provokativ: „Wer will denn noch in solchen Buden leben?"

So entbrannte auch in Gelsenkirchen ein heftiger Kampf um die Erhaltung der Zechensiedlungen. 20 solcher Siedlungen oder Kolonien gibt es heute noch im Stadtgebiet zwischen Rotthausen und Hassel. Der Erhalt dieser Idylle ist engagierten Mietern und Mitstreitern zu verdanken.

Blick ins Umfeld der Siedlung Flöz Dickebank. Eine Mieterinitiative, die bald Unterstützung von Außenstehenden erhielt, konnte schließlich die Häuser vor dem drohenden Abriss retten.

FUNKTIONIERENDE NACHBARSCHAFT

In der Siedlung Flöz Dickebank sollten einst die noch vorhandenen 78 Häuser abgerissen werden und einem „Verdichtungskomplex" weichen. 62 drei- bis zwölfgeschossige Gebäude wollte damals die Wohnstätten AG an dieser Stelle errichten.
Werner Heidl, der ehemalige Grubenelektriker, war dabei, als es in Dickebank noch richtig zur Sache ging. Er erinnert sich gerne. „Hier gibt es eine funktionierende Nachbarschaft", erzählt er später.

Die Bismarcksiedlung, hier in den 50er-Jahren.

Dickebank-Bewohner Franz Zyweck hob 1973 hervor: „Wir haben hier in der Siedlung viele Tiere. Karnickel, Enten, Hühner und Tauben gehören dazu. Hier leben rund 340 Menschen, die etwa 680 Tiere halten."
Trotzdem – nachdem die Abrisspläne der RWWAG bekannt waren, verließen etwa 50 Familien die Siedlung. Werner Heidl berichtet: „Ein Ehepaar zog weg, nach acht Tagen starb der Hund, nach vierzehn Tagen der Mann. Ihre Wohnung hier in der Siedlung wurde nicht mehr vermietet, die Fenster und Türen dafür aber von der Wohnungsbaugesellschaft schnell zugemauert."

Städteplaner und Soziologen schalteten sich bald ein und bescheinigten der Siedlung eine gute Bausubstanz und ideale Lebensbedingungen. Der revierweite Streit um die Zechenhäuser reicht zurück bis in die 1960er-Jahre, als die rund 240 000 Werkswohnungen des Kohlengräberlandes im Zuge der Kohlenkrise der Vermarktung preisgegeben wurden. Die Konzerne gründeten, bevor ihre Pütts in die neue Ruhrkohle AG einflossen, eigene Wohngesellschaften, die diese Kolonien sanieren – sprich – abreißen lassen wollten, vermuteten die Bewohner Doch bald erkannten auch Planer und Gesellschafter den großen kulturhistorischen Wert der Zechen- und Hüttensiedlungen. Es wurde auf einmal landauf, landab, meist unter Denkmalschutzauflagen, kräftig renoviert. Heute gehören Dickebank, Schüngelberg, Bergmannsglück, Klapheckshof oder Am Spinnstuhl zu den Prestigeobjekten in der einst größten Bergbaustadt des europäischen Festlandes.

Bergmannsglück gehört heute zu den Prestigeprojekten des Denkmalschutzes.

REINHOLD KÄMMERER

VON DER ZECHE HUGO INS TONSTUDIO

Seine bergmännische Ausbildung begann 1962 auf der Zeche Fritz in Altenessen. Damals war Reinhold Kämmerer gerade 13 Jahre alt und vor dem Schraubstock in der Lehrwerkstatt stand eine Fußbank, damit der junge Essener die Werkstücke bearbeiten konnte. „Ich war der Kleinste und Schmächtigste meines Lehrjahres", lacht Kämmerer, der sich inzwischen als „Singender Bergmann" einen Namen im Revier gemacht hat und sich „Rudy Cash" nennt.
In Essen erlernte Reinhold Kämmerer den Beruf eines Starkstromelektrikers. Mit 16 Jahren fuhr er erstmals ein und malochte innerhalb seiner Ausbildung auch mal „vor Kohle". „Diese Zeit hat mich geprägt. Der Bergbau hat mir sehr viel gegeben." Und Reinhold Kämmerer blieb dem Pütt treu. Er wechselte nach der Schließung seines Heimatpütts nach Gelsenkirchen. 1973 wurde der musikbegeisterte Grubenelektriker zur Zeche Hugo verlegt, wo er bis 1997 bis zu seiner vorzeitigen Pensionierung blieb. Zwischenzeitlich hatte sich Reinhold beruflich weiterentwickelt und eine Familie gegründet.

VOM BERGBAU GEPRÄGT

Der singende Hugo-Kumpel stammt aus einer alten Bergmannsfamilie. Sein Großvater und sein Vater fuhren einst ins Bergwerk ein. Auch der Sohn Reinhold Kämmerers hat die bergmännische Familientradition fortgesetzt. Christoph Kämmerer verdient seine Kohlen jedoch seit Jahren auf der Zeche Prosper-Haniel in Bottrop. „Es gibt noch eine weitere Familientradition", erzählt er später lachend: „Mein Großvater, mein Vater und ich verloren bei Unfällen auf den Pütts Teile eines Fingers. Nun ist meinem Sohn das ebenfalls passiert." – Bergmannsschicksal!

An seine Bergmannszeit auf Emil-Fritz und Hugo erinnert sich Reinhold Kämmerer sehr gerne. „Vor allem die Kameradschaft und der Zusammenhalt der Kumpel waren einmalig."
Über eine Begebenheit, die sich 1981 auf der 7. Sohle des Bergwerkes in Buer ereignete, erzählt er immer wieder gerne: „Wir fuhren damals mit dem Personenzug. An einem langen Bogen, in der Nähe unserer Werkstatt, sprang ich vorzeitig aus dem Zug. Das war natürlich wegen der Unfallgefahr strengstens verboten. Plötzlich stand unser Betriebsleiter vor uns und wollte mir den Weg versperren, um mich und die anderen Kumpel zu verwarnen. Ich ignorierte ihn einfach, woraufhin es zu einer kleinen Rangelei kam." Am an-

deren Tag wurde Grubenelektriker Kämmerer ins Büro des Betriebsleiters gerufen. „Vorsichtshalber hatte ich aber den Betriebsrat eingeschaltet und mit dessen Hilfe verlief alles ohne Komplikationen", erinnert sich der „Singende Bergmann".

LIEBE ZUR MUSIK

Mit Gelsenkirchen ist Reinhold Kämmerer auch musikalisch verbunden. Er setzte der ehemaligen großen Bergbaustadt ein Denkmal: „1000 Feuer sind erloschen" singt er seit Jahren nicht nur für seine Ex-Kumpel. Schon als Jugendlicher entdeckte Kämmerer seine Liebe zur Musik. Mit Schulkollegen gründete er zunächst eine sogenannte Garagenband. Die Beatles und die Stones waren in jenen Jahren ihre Vorbilder.
Danach wurde die Gitarre erst einmal eingemottet, denn Familie und Beruf hatten zunächst Vorrang. Als der Grubenelektiker 1997 nach über 35 Püttjahren in den Ruhestand ging, wurde aus Reinhold Kämmerer der „Singende Bergmann". Mit ehemaligen Kumpel gründete der einstige Bergmann der Zeche Hugo eine Coverband. Sie rockten sich als „Dance Soundmachine" durchs Revier und sorgten bei zahlreichen Veranstaltungen für gute Stimmung. Und als sich die Band auflöste, startete Reinhold als „Rudy Cash" eine Solokarriere. Für „Wir heben unsere Tassen" erhielt der „Singende Kumpel" die Goldene Stimmgabel eines belgischen Radiosenders, und dass er inzwischen ein „Schalke 04-Lied" komponiert hat, zeigt zusätzlich die Verbundenheit des Ex-Kumpel mit dem Revier. 24 Jahre Gelsenkirchen haben ihn schließlich auch musikalisch geprägt.

Viele Jahre malochte Reinhold Kämmerer, der sich nun „Rudy Cash" nennt, auf Pütts in Gelsenkirchen. Er hat sich in der Szene einen Namen als „Singender Bergmann" gemacht.

Museum erinnert an Zeche Hugo

30 000 Unterschriften kamen damals zusammen, was fehlte, war ein Investor. Betriebsrat Klaus Herzmanatus hatte eine Idee: Er wollte seinen Pütt retten. Aus Hugo in Gelsenkirchen-Buer sollte ein Besucherbergwerk werden. Doch das Vorhaben konnte leider nie realisiert werden. Geblieben sind viele Erinnerungen, die der ehemalige Betriebsratsvorsitzende und ein Freundeskreis im „Kleinen Museum", einer Wohnung in der Schüngelbergsiedlung, zusammengetragen haben.

Klaus Herzmanatus leitet seit Jahren mit großer Freude das „Kleine Museum" in Buer.

Fünf Jahre Jahre lang hat der 1961 geborene Bueraner für den Erhalt der Zeche mit allen Mitteln gekämpft. Er hatte Mahnwachen und Kundgebungen organisiert und ein Buch über Hugo, seinen Pütt, die Siedlung, die Kumpel und die Gewerkschaft geschrieben. Im April 2000 ging der Arbeitskampf für die 3800 Kumpel der Schachtanlage im Gelsenkirchener Nordwesten jedoch verloren. Nur das „Kleine Museum" mit den vielen Erinnerungen blieb. Jedes Ausstellungsobjekt dort hat seine Geschichte. Und Klaus Herzmanatus, der 1976 auf Hugo seine Ausbildung als Grubenelektriker begann, kennt sie alle und erzählt sie gerne.

Eine Schalke-04-Ecke
Grubenlampen, Strebleuchten, Schnupftabakdosen und ein Betriebsführerzimmer kann der Interessierte in diesem Museum bewundern. Hinzu kommen viele Bilder und sogar eine Schalke-Ecke mit Trikots, Fußballschuhen und anderen Utensilien. Überall erkennt man: Herzmanatus hängt an Hugo, an seiner Siedlung und am Bergbau. Urgroßvater Wilhelm kam 1908 aus Ostpreußen nach Gelsenkirchen, Opa und Vater Gustav waren als Kohlenhauer auf Hugo tätig. Selbst Großtante Maria stand im Krieg zeitweise am Leseband und sortierte dort das taube Gestein aus.

Als die Treuhandgesellschaft für Bergarbeiterwohnungsbau das 80 Quadratmeter große Haus kostenfrei anbot, kündigte Klaus Herzmanatus seinen Job bei der Deutschen Steinkohle und wurde Museumsdirekor. Aber schon vorher sammelte der langjährige Gewerkschafter alles, was irgendwie mit dem Pütt, der Siedlung und den Schalker Knappen zu tun hatte. Herzmanatus und seine Freunde bieten dabei ein Museum zum Anfassen und Klönen, denn dienstags von 10 bis 18 Uhr ist das Haus an der Eschweilerstraße 47 Treffpunkt vieler ehemaliger Hugo-Mitarbeiter, die den Besuchern unter anderem gerne von den Zeiten erzählen, als man „das Leder noch vor dem Arsch trug".

Klaus Herzmanatus wollte ein Besucherbergwerk aus Hugo machen: Hier die neue Fördermaschine von Schacht 2. Sie nahm 1974 ihren Betrieb auf. Gleichzeitig erhielt der Hugoschacht ein neues Skipgefäß.

MANCHMAL GAB'S AUCH TAUBENSUPPE

TAUBENSPORT IN DER BERGMANNSSIEDLUNG

Brieftaubensport in Gelsenkirchen hat eine lange Tradition. Bereits um1890 gab es entsprechende Vereine in Rotthausen und Horst. „Heimkehr und Eintracht" waren daher 1894 die Urzelle der Reisevereinigung Gelsenkirchen. Vor allem Bergleute machten sich bald einen Namen als Taubenzüchter, die noch heute als „Duwenväter" im Revier Kultstatus haben, obwohl die Zahl der Brieftaubenzüchter stark rückläufig ist. Ein Grund, so fand der Verband heraus, sind die veränderten Wohn- und Lebensbedingungen der „Ruhries". Platz für Taubenschläge gibt es kaum noch und die Pflege der „gefiederten Rennpferde der Kumpel" erfordert sehr viel Zeit. Elke Kaminski aus Schaffrath erinnert sich noch an die gute alte Taubenzeit im Revier: „Mein Vater züchtete, solange ich denken kann, Brieftauben. Ich glaube, er besaß bereits als Kind ‚Blaue und Schecken'."

EIN LEBEN NACH DER TAUBENUHR

Die Gelsenkirchenerin weiter: „Nicht nur mein Vater lebte nach der Taubenuhr, nein, auch der Rest der Familie. Essen gab es immer nur, wenn Vater sich von seinen Lieblingen loseisen konnte oder im Taubenschlag nicht gebraucht wurde. Oft hatten wir in diesen Jahren sonntags schon um 10.30 oder 11.00 Uhr zu Mittag gegessen, damit sich anschließend die gesamte Familie voll auf den Taubensport konzentrieren konnte."

Als die Schaffrather Familie den Taubenschlag noch auf dem Dach hatte, saß Tochter Elke oft mit ihrem Vater dort oben. Einer guckte nach Norden, einer nach Süden: „Da ist eine – komm, Hans, koooommmmmm!", schallte es dann vom Dach. Um die Tauben zu locken, rappelte der Taubenzüchter zusätzlich mit einer offenen Konservendose, in der sich Futter befand.
„Taube Hänschen kam und Vater hat ihn gegriffen, den Gummiring abgezogen in eine Metallhülse gesteckt und rein in die Taubenuhr und schnell gedreht: Rrraaatsch." Danach ging's wieder fix zur Dachluke, um weiter Ausschau nach den anderen Tauben zu halten.
„Nein, war das schön, und zum Abend hin auch recht spannend, bis die Züchterfamilie Nachricht erhielt, wie viele und welche Preise man gewonnen hatte. Mittlerweile ist ja alles anders. Heute wird dazu leider auch schon Elektronik eingesetzt."
„Urlaub gab es nie bei uns", erinnert sich Elke Kaminski. „Wie

denn auch, Tauben einpacken und mitnehmen oder gar jemand anderem anvertrauen? Nein, das gab es nicht. Familienfeiern in der Verwandtschaft fanden daher fast immer ohne unseren Vater statt. Und bei Feiern in den eigenen vier Wänden meinte ‚Vatter' schon nach kurzer Zeit: ‚So, ich muss dann mal wieder auf'm Schlag.'" Taubensuppe gab es auch oft bei der Züchterfamilie und die vertrieb angeblich so manche Erkältung. Elke Kaminski zieht Bilanz: Trotz aller Einbußen „war es eine schöne Zeit".

„Rennpferde der Bergleute" wurden die Brieftauben einst genannt. Fast jeder Kumpel hielt sich in den Ställen oder auf den Dachböden der Siedlungen ein paar gefiederte Flieger.

TAUBEN-TREFF IN ÜCKENDORF

Die Großeltern von Hubert Heider wohnten in der Flöz-Dickebank-Siedlung: „Natürlich hatte mein Großvater auch Tauben, um die sich später mein Vater kümmerte." Heider erinnert sich: „Damals gab es einen Brieftauben-Verein in Ückendorf, der bei Deitermann an der Ückendorfer Straße seinen Treffpunkt hatte. Wenn die Tauben zurückkamen, mussten wir immer ganz still sein, wehe, die Taube kam nicht gleich in den Schlag. War sie im Schlag, hieß es: ‚Ring ab und schnell in die Uhr.'"

Ob sein Großvater ein erfolgreicher Züchter gewesen ist, weiß Hubert Heider nicht mehr. Jedenfalls lag auch das Luftgewehr bereit, wenn die Tauben ausfliegen durften. Die gefiederten Rennpferde der Lüfte waren angeblich die Leibspeise der Milane, die manchmal über der Siedlung kreisten. „Opas Tauben mussten daher geschützt werden." An die leckere Taubensuppe kann Hubert Heider sich ebenfalls noch gut erinnern. „Wenn wir bei Oma in der Kolonie waren, ging Vater manchmal hoch auf den Schlag und kam mit ein oder zwei Tauben herunter, denen er auf der Toilette den Kopf abdrehte. Meine Oma und meine Mutter konnten sich damit aber nie richtig abfinden. Deshalb töteten die Männer die Tiere dann nicht mehr im Bad, sondern direkt im Schlag oder draußen im Garten."

Kabel und Holz vom Pütt

Die Disko-Welle hatte Gelsenkirchen erreicht. Da kamen Lothar und Dieter auf die Idee, einen Kellerraum in einen heimeligen Treff zu verwandeln. So saßen die beiden jungen Männer aus Erle und Hüllen zusammen und schmiedeten Pläne, denn der Um- und Ausbau ihres Diskoraumes sollte ja nicht viel kosten. Dieter wusste Rat: „Kabel für die bunten Strahler besorge ich vom Pütt." So machte sich das Duo an die Arbeit und bald gesellten sich auch andere Diskofans hinzu. Lothar und seine Kollegen machten sich ans Werk. Tagelang wurden Kabel verlegt und bunte Scheinwerfer angebracht. Bald war es so weit und es sollte die Einweihungsfete stattfinden, doch den Diskofans gefiel der Raum, der im Bereich Märkische Straße/Skagerrakstraße lag, noch nicht so recht. Es fehlte das sogenannte Tüpfelchen auf dem „i".

Taschengeld geopfert

Verschiedene Ideen wurden diskutiert, während im Hintergrund schon „Saturday Night Fever" zum x-ten Mal abgespielt wurde. „Wie wäre es mit einer Holzvertäfelung", warf Lothar schließlich ein. „Sieht aber sehr nach Pütt aus", entgegnete Dieter, der sich aber bereits einverstanden erklärte, Abschwarten, die auf dem Holzplatz der Zeche Hugo bei der Bearbeitung der Grubenstempel anfielen, zu besorgen.

Die Diskofans waren von dem Vorschlag begeistert und opferten einen Teil ihres bescheidenen Taschengeldes, denn das Material musste diesmal bezahlt werden. Zwei Tage später stieg im neuen „Diskotempel" die erste Fete und dabei lag zunächst ein intensiver Holzgeruch in der Luft, doch das sollte sich bald ändern: Zigarettenrauch und der Geruch von Alkohol verdrängten den Holzgeruch aus dem Raum.

ALFRED SCHMIDT

MALER DER KUMPEL

Alfred Schmidt (geb. 1930) studierte Design und Malerei von 1950 bis 1954. Hier traf er auf Studienkollegen wie Wolf Vostell und Joseph Beuys, lernte das Fotografenpaar Bernd und Hilla Becher kennen. Im Revier machte Alfred Schmidt sich einen Namen als „Maler der Kumpel". Bis Mitte der 70er-Jahre beschäftigte sich der Rheinländer Schmidt überwiegend mit Design. Er wurde zunächst Artdirektor einer Düsseldorfer Werbeagentur und leitete die Entwurfsabteilung. Schon 1969 hatte er eine Essigflasche für Hengstenberg entwickelt, die fast jeder schon einmal in seinen Händen hielt. Auch das Logo der Elefanten-Schuhe geht auf den Designer zurück.
Im Jahr 1969 konzipierte Schmidt einen Stapelballon, der mit dem Weltpreis „World Star 1970" für hervorragendes Design prämiert wurde und sich heute in der Sammlung „Design des 20. Jahrhunderts" im „Museum Of Modern Art" in New York befindet.

UMZUG INS REVIER

Was hat nun der Düsseldorfer Designer mit der Bergwerksstadt Gelsenkirchen zu tun?
Ja, das kam so: Das Fotografenpaar Bernd und Hilla Becher hatte sich zu jener Zeit bereits auf das Thema fotografisch-künstlerische Dokumentation alter Industriebrachen spezialisiert.

Bei vielen Gelegenheiten nahmen sie daher ihren Freund Alfred Schmidt zu den zum Teil abenteuerlichen Expeditionen in und um den Pütt mit. Was Bernd und Hilla Becher fotografierten, hielt Alfred Schmidt nun zeichnerisch fest. So entstand seine erste künstlerische Auseinandersetzung mit dem Thema „Bergbau".
Seit 1972 beschäftigte sich Alfred Schmidt mit der Idee, auf den Pütts des Ruhrgebietes „unter Tage" zu malen und zu zeichnen. Aber erst 1975 konnte er dieses Vorhaben in die Tat umsetzen. In diesem Jahr siedelte er gemeinsam mit seiner Frau, der Künstlerin Monika Schmidt-Brockmann, ins Ruhrgebiet um. In der Folgezeit entstanden die ersten Zeichnungen aus der „Welt der Kumpel".

Was eigentlich für nur kurze Zeit geplant war, entwickelte sich zur Lebensaufgabe. Alfred Schmidt suchte nun ein Haus in Gelsenkirchen, um nicht nur kontinuierlich an dem Thema weiterzuarbeiten, sondern um auch eine Begegnungsstätte für Kunst, Künstler und die Bevölkerung zu schaffen. 1983 eröffnete er schließlich das „Kultur-

haus Bergmannsglück“ auf der gleichnamigen Zeche im Gelsenkirchener Norden.
Hier plante und organisierte er unter anderem Kunstaktionen und bot auch internationalen Künstlern die Möglichkeit, im Rahmen eines Stipendiums das Revier und die Bergleute kennen zu lernen.

25 Jahre lang stand der Bergbau im Mittelpunkt des künstlerischen Schaffens von Alfred Schmidt (Mitte). Während seiner unzähligen Grubenfahrten in den „Bauch des Reviers“ diskutierte der Künstler mit den Kumpel und erläuterte ihnen seine Arbeit.

U-BAHNHOF GESTALTET

Anfang der 1990er-Jahre arbeitete der vielseitige Künstler an seinem künstlerischen Denkmal, was ihn in der Region wohl unvergessen macht: Er erhielt den Auftrag, die U-Bahnhof-Station „Bergwerk-Consolidation" in Gelsenkirchen zu gestalten. Mit diesem Werk machte er den Bergbau erlebbar und setzte künstlerische Maßstäbe.

Fast 25 Jahre lang stand so der Bergbau im Mittelpunkt des künstlerischen Schaffens von Alfred Schmidt. In unzähligen Zeichnungen erschloss er oft unter schwierigsten Bedingungen zeichnerisch „die Welt unter unseren Füßen" und trug sie in über 30 Aktionen im öffentlichen Raum zu den Menschen. Auf regionaler, überregionaler und internationaler Ebene vermittelte er den Menschen damit detaillierte Eindrücke. Wie zum Beispiel mit der Ausstellung „Raumfahrt ins Innere der Erde".

Bereits 1977 war Alfred Schmidts Buch „Unter Tage" erschienen. Der Künstler beschreibt hier, warum er sich gerade dem Bergbau gewidmet hat, und erklärt in fiktiven Gesprächen mit Kumpeln seine Arbeit und seine Sicht auf die Arbeitswelt der Bergleute. Zudem sind in diesem Buch einzigartige Zeichnungen zu bewundern. Diese Zeichnungen machen aber auch deutlich, welchen Problemen Alfred Schmidt die Umsetzung seiner Kunst unter Tage einst ausgesetzt war. Sie zeigen unter anderem Szenen aus der Zeit, als der Vielseitige einst nachts mit der Reparatur-Schicht auf dem Pütt unterwegs war. Sie erzählen aber auch von Zerstörung und der Gewalt des Berges. Alfred Schmidt verstarb am 20. Dezember 1997. Das einst von ihm gegründete Kulturhaus auf dem ehemaligen Zechengelände von „Bergmannsglück" trägt heute den Namen „Alfred-Schmidt-Haus".
Kurz vor seinem Tod 1997 wandte sich Alfred Schmidt dann noch einem ganz anderen Thema zu: der Bremer Vulkan Werft. Er sah im Arbeitsleben der Werftarbeiter Ähnlichkeiten zur Arbeit der Kohlenhauer. Dies versuchte er in seinen Werken festzuhalten. Der Gelsenkirchener begleitete unter anderem künstlerisch den Bau des letzten Schiffes auf der Bremer Werft. So entstanden auch hier detailgetreue Bilder, die Werftarbeiter und ihre harte Arbeit eindrucksvoll zeigen.

EIN SCHEINBARER WIDERSPRUCH

JUNGE SPEZIALISTEN VERLASSEN DIE ZECHEN

Die Kohlenkrise, die Ende der 1950er-Jahre übers Revier hereinbrach, hatte einen nicht einkalkulierten Nebeneffekt: Die Zechen an der Ruhr benötigten auf einmal 15 000 neue Kumpel, obwohl nach Auskunft des Unternehmensverbandes rund 50 000 Bergleute infolge der Überproduktion entbehrlich waren. In Gelsenkirchen sollte damals auf der Zeche Wilhelmine Victoria und weiteren Zechen der Hibernia AG zwischen 130 und 600 Kumpel entlassen werden, währenddessen in Bochum 300 offene Stellen im Bergbau angeboten wurden.
Der Widerspruch ist schnell geklärt: Spezialisierte Bergleute wie Grubenhandwerker oder Lokführer, sowie jüngere und leistungsfähigere Kohlenhauer verließen damals in Scharen ihre unsicher gewordenen Arbeitsplätze. Sie fanden neue Arbeit in anderen Berufen. Für sie konnten die Pütts keinen Ersatz finden. Die Masse der weniger leistungsfähigen und älteren Kumpel dagegen verringerte sich kaum. Aber es bestand ein Überhang von rund 50 000 Kumpeln, der reduziert werden musste.
Walter Arendt, damals Vorsitzender der mächtigen IG Bergbau, meinte: „Die Falschen verlassen die Pütts. Es gehen die Spezialisten und die jungen Leute, die eigentlich gar keine Entlassung befürchten müssen, weil sie das Rückgrat eines jeden Pütts sind."

SCHICHTLEISTUNG SANK GEWALTIG

Die Massenflucht der Kumpel entstand, als der damalige Vorsitzende des Unternehmensverbandes Ruhrbergbau, Helmuth Burckhardt, erklärte: „Im Bergbau gibt es 100 000 Kumpel zu viel." Daraufhin wurde vielerorts, darunter auch in Gelsenkirchen heftig spekuliert. Von Schließung und Förderungsreduzierung war die Rede. Ins Gespräch gebracht wurden unter anderem Hugo 2 bis 5 und Graf Bismarck III. Später kündigte die Bismarck-Betriebsleitung die Entlassung von 600 Kumpeln an. Ab diesem Zeitpunkt sank auch die pro-Mann-Schichtleistung gewaltig. Auf einigen Zechen fiel sie um 150 Kilogramm pro Schicht. Statt der beabsichtigten Massenentlassung waren die Pütts nun von einer Massenflucht bedroht.
Zwischen März und August 1959 verließen rund 20 000 Bergleute die Bergwerke. Die meisten Kumpel, die nun in der Bauwirtschaft, in der Chemie- und der Stahlindustrie landeten, waren zwischen 18 und 30 Jahre alt. Die damals von den Bergbauunternehmen geschürte Angst hatte einen weiteren Nebeneffekt: 9000 Lehrstellen blieben 1959 unbesetzt.

Gerätewarte der Grubenwehren, darunter auch aus Gelsenkirchen, nahmen regelmäßig an Lehrgängen der Hauptstelle für das Grubenrettungswesen in Essen teil.

1. Mai und Kaisergeburtstag

Sie waren in den 1960er-Jahren die Exoten unter den Gastarbeitern, die auf den Gelsenkirchener Pütts malochten: eine Gruppe japanischer Bergleute. Bereits 1958 nahm eine Gruppe japanischer Kumpel an der offiziellen Maikundgebung teil. Bekleidet mit weißen Oberhemden, dunklen Bindern und dunklen Hosen gingen sie hinter der Fahne ihres Landes im Zug, der sich damals durch Bismarck, vorbei an Consol bewegte, mit.

Danach trafen sich die angehenden Hauer noch zu einem besonderen Fest, denn nicht nur der „Tag der Arbeit" in Gelsenkirchen wurde gefeiert, nein, man feierte natürlich auch ausgiebig den Geburtstag des Tennos, des Kaisers Hirohito.

64 japanische Kumpel aus dem Land der aufgehenden Sonne wohnten damals im „Haus Sonnenschein".

Nach ihrer Rückkehr, Anfang der 1960er-Jahre gründeten die Söhne Nippons in ihrer Hauptstadt einen Verein, den sie „Glückauf-Gelsenkirchen-Bund" tauften. Takehiho Koguchi, der einst in Gelsenkirchen das Bergmannshandwerk erlernte, verfasste über seine Zeit in der einstigen 1000-Feuer-Stadt ein Buch mit dem Titel „Unser Gelsenkirchen von 1958 bis 1961".

Maiumzüge haben in der einst größten europäischen Bergbaustadt Tradition. Delegationen aller Gelsenkirchener Pütts beteiligten sich daran. Vertreter von Rat, Verwaltung und Gewerkschaften – wie hier im Jahre 1975 – führen den Umzug, der mit einer Kundgebung endet, an.

Später kamen sie einmal zurück. Die Gruppe ehemaliger Gelsenkirchener Kumpel aus Tokio besuchte 1996 die Stadt, wo sie drei Jahre malocht hatten. Erinnerungen wurden wach: die Zechen, die Stadt und die Ausflugsziele rund um Gelsenkirchen waren Orte, die die Japaner in dieser Zeit besuchten. Und schließlich dokumentierten sie ihre Verbundenheit mit der Stadt, indem sie die Gelsenkirchener Stadtfahne mit nach Hause nahmen.

Cocktailsessel ...

... und seltsame Geldverstecke

Klaus und Angelika hatten ein Haus geerbt, ein typisches Koloniehaus, der graue Putz der Fassade bröckelte an verschiedenen Stellen schon langsam ab. Aber der Charme der Siedlung im Schatten der Zeche Hugo zog die junge Familie sofort in seinen Bann. Bevor sie in das Haus in Buer einziehen konnten, musste es jedoch von der Möbellast der vergangenen Jahrzehnte befreit werden, denn Wohnzimmerschrank und andere Einrichtungsgegenstände wurden einst von Angelikas Eltern gekauft, als man sich noch am „Gelsenkirchener Barock" erfreute. Daher wanderte fast die komplette Wohnungseinrichtung in den Sperrmüll. Einige Sessel jedoch, die wollte Klaus unbedingt in seine kleine, zunächst geplante Hausbar stellen. Doch von den Plänen des jungen Paares, eine kleine Bar einzurichten, war bald nicht mehr die Rede. Die drei Cocktailsessel, die schon bessere Zeiten gesehen hatten und eigentlich für die Bar vorgesehen waren, standen jetzt nur noch im Weg herum. Eines Tages bahnte sich eine Lösung an, denn in der Christus-Kirchengemeinde an der Kleinen Bergstraße war ein Basar angekündigt, und der Erlös sollte dem Kindergarten, den Christian, der Sohn von Angelika und Klaus, inzwischen besuchte, zugutekommen.
So konnten die beiden zwei Fliegen mit einer Klappe schlagen. Am vorgesehenen Samstag luden sie also die drei Sessel ins Auto, nahmen noch weiteren Trödel mit und fuhren zum Gemeindezentrum, um dort ihre Sachen möglichen Interessenten anzubieten. Bald kamen auch die ersten Kunden und begutachteten die Sessel, die Angelikas Mutter mit einem schützenden orangefarbenen Überzug versehen hatte. Klaus, der gerne handelte, setzte den Preis für die Sitzmöbel zunächst sehr hoch an.

Und siehe da – ein Interessent schaute sich die Sessel an, zog aber wieder wegen des sehr hohen Preises schmollend davon. Klaus versprach ihm aber, dass Kaufangebot noch mal zu überdenken, hatte allerdings inzwischen von den vielen Verhandlungen Durst bekommen und ging hinüber zum Bierstand. Als

er wieder zurückkam, staunte er nicht schlecht, denn unter dem Bezug eines Sessels ragte ein weißes Schnippselchen hervor. Er ging näher und zog daran: 100 Mark kamen zum Vorschein. Klaus schaute seine Frau an, die sich sofort wortlos ans Werk machte: Sämtliche Bezüge, die Angelikas Mutter einst extra für die Sessel angefertigt hatte, wurden sorgsam entfernt, weil man natürlich darunter weitere Barschaften vermutete. Sie wurden jedoch enttäuscht. Unter den Schonbezügen war kein Geld mehr versteckt.
Wenig später schaute der Interessent für die Sessel nochmals vorbei. Klaus erzählte ihm von dem unvorhergesehenen Geldfund. Verärgert verließ der Mann daraufhin den Trödelmarkt. Der hatte keine Lust mehr auf die Sessel; denn hätte er sie gleich gekauft, hätte er ja die 100 Mark kassieren können.

Zu Hause angekommen, warf Klaus die Sessel in den Stall, wo auch schon alte Bücher in einem Karton lagerten. Zufällig stieß er an so einen Karton mit den Büchern, die einst seinen Schwiegereltern gehörten. Er traute seinen Augen kaum: Auch aus einem Buch lugte ein Hunderter hervor. Schnell wurden alle Bücher durchsucht, doch auch hier fanden sie kein weiteres Geld. Doch immerhin, 200 Mark waren ja auch schon was.
Die Cocktailsessel, die einst auf dem Trödelmarkt verkauft werden sollten, landeten dann Tage später endgültig auf dem Sperrmüll und die alten Schwarten ebenfalls.

Cocktailsessel, modernes Wohnen in den 60er-Jahren.

Das Mädchen Monika ...

... eine wahre Geschichte „ausse“ Siedlung

Mehrere 15 bis 16-Jährige standen am Rande des Schulhofes in Resse. Sie waren, wie sie erzählten, wenn sie darauf angesprochen wurden, „ganz zufällig“ vorbeigekommen. Doch in Wirklichkeit hatten die Halbstarken in ihren billigen Bluejeans, den hohen Leinen-Turnschuhen und den vor Pomade glänzenden Haaren nur eines im Sinn, sie wollten Monika treffen. Die freundliche 14-Jährige stammte aus der Siedlung Im Eichkamp, sie war sich aber durchaus ihrer frühreifen Attraktivität bewusst. Sie flirtete mal mit Burkhard, mal mit Reinhold, mal mit Fritz oder dem schüchternen Helmut, der rote Ohren bekam, wenn er von seiner Angebeteten angesprochen wurde.
Meist recht verlegen begleiten die Jungen das Mädchen nach Hause und unterwegs erzählten sie ihr Geschichten von der Arbeit oder aus der Siedlung. Die jungen Verehrer standen aber nur an der Schule, wenn sie es rechtzeitig schafften, an ihrem Berufsschultag zur Hauptschule zu kommen, denn sie waren Auszubildende in Handwerks- und Industriebetrieben und den noch existierenden Pütts der Stadt. Aber meist klappte es ja.

Schwärmen für Elvis Presley und Peter Kraus

Die attraktive Schülerin aber schwärmte von Elvis Presley und Peter Kraus. Die Jungen aus der Siedlung waren ihr, auch wenn sie plötzlich alle wie die damaligen Rock 'n' Roller aussahen, eigentlich gleichgültig. Gerne hätten sich Burkhard, Reinhold, Helmut oder Fritz mit der schlanken Schönheit mit den großen blauen Augen verabredet. Doch sie hatte immer etwas zu tun – angeblich musste sie, wenn sie aus der Schule kam, zunächst ihrer Mutter im Haushalt helfen und anschließend ihre jüngeren Geschwister Ernst und Doris beaufsichtigen. Und tatsächlich – wenn sie mal einen Fuß vor das Mehrfamilienhaus in der Siedlung setzte, waren ihre Geschwister immer dabei. Die Halbstarkenschar ließ sich zunächst nicht abwimmeln und stand oft hier – völlig unauffällig natürlich – vor dem Haus ihrer Angebeteten herum. Vater und Mutter Gothers tolerierten die Jungen vor dem Haus. Sie sahen das Ganze als jugendliche Schwärmerei – und mehr war es ja auch nicht.

Der März brach an und bald war der letzte Schultag der jungen Schönen. Auch an ihrem letzten Schultag gingen Monika auf ihrem Nachhauseweg die Begleiter nicht aus.

Anfang April jedoch hörte alles schlagartig auf, denn das attraktive junge Mädchen begann eine Ausbildung in einem Geschäft, das auf der Cranger Straße in Erle lag. Nur noch sehr sporadisch tauchte ein jugendlicher Verehrer am Haus der Gothers auf, und wenn, machte Monika den Jungen schnell mit einem abfälligen Unterton klar: „Ihr seid weder Elvis noch Peter. Und ihr arbeitet auf der Zeche ...", so wehrte sie etwas überheblich die Annäherungsversuche der jungen Verehrer ab. Und als sie dann einen neuen Freundeskreis fand, distanzierte sie sich geradezu von der Siedlung und der alten Verehrerrunde aus Resse und Umgebung.

Conny Froboess und Peter Kraus, Symbole für die Jugend der 50er-Jahre.

Schwanger vom Traumprinzen

An einem Wochenende, es war bereits Sommer geworden, passierte es dann: Zusammen mit einer älteren Kollegin besuchte Moni „auf eine Colalänge" das stadtbekannte Tanzcafé „Kleine-Vorholt". Während ihre Kollegin nur Augen für den äußerst talentierten Gitarristen „Fliege" hatte, nuckelte Monika zunächst lustlos an ihrem Erfrischungsgetränk. Plötzlich stand er vor ihr: der Traumprinz, und Monika war begeistert. Im Stadtteil hatte sie bald auch ihren kleinen Skandal.

Denn einige Monate nach dem Treffen mit ihrem Traumprinzen ließ sich nämlich eine Schwangerschaft nicht mehr vertuschen.

Überall in der Eichkamp-Siedlung gab es von da an nur ein Thema: „Monis Schwangerschaft". „Wie kann eine knapp 15-Jährige schwanger werden?" Und: „Haben die Eltern ihre Aufsichtspflicht verletzt?“ So und ähnlich tuschelten Nachbarn und Bekannte. Es entbrannte eine heiße Debatte in einem heißen Sommer in den 1960er-Jahren – hinter vorgehaltener Hand! Nur Monikas Eltern hielten sich aus dem Gerede heraus und nahmen die ungewollte Schwangerschaft ihrer Ältesten mit bewundernswerter Gelassenheit hin – äußerlich zumindest.

Monate später wurde ein Junge geboren, und der wuchs in Monikas Familie auf. Sein Vater, munkelte man, sei ein damals stadtbekannter Don Juan. Der ließ sich aber nie in Resse blicken. Doch das Gerede wollte nicht enden. Das Getratsche, bestehend aus Halbwahrheiten und guten Ratschlägen, nahm kein Ende. Offen wurde jedoch nicht darüber gesprochen. Man tuschelte: „Was wird nun aus der jungen Mutter?“ Oder: „Gehen sie und ihre Eltern gerichtlich gegen den Erzeuger vor?“

Doch nichts Spektakuläres geschah. Der jungen Mutter, die nun ab und zu stolz den Kinderwagen durch die Ewaldstraße schob, war der Alltag mit ihrem kleinen Sohn zur Normalität geworden. Monika ging ihren Weg. Sie beendete ihre Ausbildung, schloss eine weitere an und ging später nach Süddeutschland. Dort wurde sie bald die rechte Hand eines ranghohen Kommunalbeamten.

Das Geheimnis wird gelüftet

In ihre Siedlung kehrte sie aber nie mehr zurück, denn auch ihre Eltern und ihre Geschwister zogen weg; die blieben aber dem Revier treu. Wenn sich Reinhold, Helmut oder Burkhard später mal zufällig begegneten, dann fragten sie sich immer: „Na, mal etwas von Moni gehört?“
Erst Jahre später, als Helmut einmal Monikas Bruder Ernst traf, und ihn nach seiner ältesten Schwester und deren erstem Liebhaber fragte, musste der grinsen und offenbarte den Vater.

Helmut, der in den 1960/70er-Jahren selbst einige Zeit Stammgast bei „Kleine-Vorholt“ war, wo einst Monika ihren „Traummann“ traf, war nun endlich beruhigt, als sich das „ewige Geheimnis“ lüftete: Der damalige, angebliche Don Juan, war nämlich eher ein Typ wie Gunter Philipp und gar nicht wie Elvis oder Peter Kraus und von daher überhaupt nicht so ein attraktiver Jüngling, wie er in der Fantasie der damaligen jungen Verehrer lange Zeit herumschwirrte.

Im ehemaligen Grubenfeld von Graf Bismarck wurde – knapp zehn Jahre nach der Schließung dieser Zeche – Mitte der 1970er-Jahre der Schacht Emschermulde geteuft. Er wurde zur Bewetterung von Consol/Ewald/Hugo benötigt.

Handwerker der Zeche Graf Bismarck stellen sich zum letzten Mal vor der Schließung des Verbundwerkes für ein Erinnerungsfoto auf.

Fördergerüste gehörten einst zum Alltag in Gelsenkirchen. Da war es selbstverständlich, dass man sich vor der imposanten Zechenkulisse, wie hier vor Wilhelmine Victoria, auch ablichten ließ.

Außergewöhnliches Geburtstagsgeschenk

Überraschung im Schrebergarten

Mannis Geburtstag stand an. Seine Garten- und Kartenfreunde überlegten hin und her – wurden sich aber nicht einig, was sie ihrem Kumpel aus der Gelsenkirchener Kleingartenanlage zum 50. schenken sollten.
Kalle aus der Taubenstraße, den aber alle nur „Sternchen" riefen, lief dabei zu Höchstform auf. Er hatte eine Idee und lud gleich die anderen, Atze, Kurt, Werner, Pidder und Heppes, in seine kleine „Sternenbar" ein. Ein Geheimtreffen! Die Idee, die Kalle hatte, stieß auf allgemeine Zustimmung. Alle versprachen, Stillschweigen zu bewahren.

Noch wird heiß diskutiert, aber dann ist alles klar: Manni erhält von seinen Gartenfreunden ein außergewöhnliches Geburtstagsgeschenk „überreicht".

Mannis Geburtstag kam, Atze, Kurt, Pidder, Werner und Heppes überreichten zunächst ein Gemeinschaftspräsent: Westfälischen Korn im Frühstückskorb. Dann ging die Männerrunde zum gemütlichen Teil über – Bier und Korn flossen reichlich. Musik erklang und es wurde gesungen. Nur „Sternchen", der kleine, glatzköpfige Verwaltungsangestellte, hielt sich zurück. Als die Dämmerung hereinbrach, schlich er mehrmals zum Gartentor und schaute sich um. Manni, der mittlerweile schon etliche Flaschen Bier und zwei Schachteln Zigaretten konsumiert hatte, merkte nichts davon. In der Schrebergarten-Anlage wurde es immer lauter. Plötzlich tauchte eine Polizistin auf. „Die ist ja sogar auch noch hübsch“, dachte Manni und starrte die Beamtin an. „Sie sind etwas zu laut. Es gab eine Beschwerde“, sagte die Blondine ohne eine Miene zu verziehen. Das Geburtstagskind brüllte gleich wütend zurück: „Was soll der Mist. Wir sind hier ganz alleine und stören keinen. Da ist wohl jemand sauer, dass ich ihn nicht eingeladen habe.“ Die Polizistin lächelte nur. „Sternchen“ grinste seine Kumpel an zwinkerte mit einem Auge. „Nun mal ruhig, die Beamtin tut ja auch nur ihre Pflicht“, meinte Kalle völlig unaufgeregt.

Seine Kumpel, die auf zwei Bänken saßen, lachten plötzlich laut. „Was gibt es da zu lachen. Mich hat da jemand angeschissen“, schrie Manni – er war mittlerweile so richtig in Rage geraten. Die Beamtin kam einen Schritt näher und reichte „Sternchen“ eine Kassette. „Legen Sie die mal bitte ein, da sind ein paar Verhaltensmaßnahmen drauf, die ich Ihnen erklären möchte. Bitte einen Stuhl für den Gastgeber.“ Während „Sternchen“ die Kassette in den Radio-Recorder schob, brachte Atze mit zittrigen Händen einen Campingstuhl heran. Die Polizistin zeigte auf den Stuhl. „Beruhigen Sie sich bitte. Nehmen Sie bitte Platz.“ Mannis Gesicht war schon puterrot. Atze und „Sternchen“ drückten ihn gemeinsam in den Stuhl. „Lass uns mal anhören, was die Blonde uns so zu sagen hat“, flüsterte Sternchen seinem Kumpel Manni leise ins Ohr. Musik dröhnte plötzlich aus dem Radio-Lautsprecher. Die Polizistin machte einen Schritt rückwärts und schaute Manni sekundenlang an. Dann bewegte sie sich plötzlich im Rhythmus der Musik. Atze, Kurt, „Sternchen“ und Pidder klatschten mit.

Nur Manni stierte auf die Blonde, die plötzlich die Mütze wegwarf, die Bluse langsam, ganz langsam aufknöpfte. Der Gastgeber schluckte und suchte nach einer Zigarette. Seine Hände zitterten. Atze gab ihm Feuer. Nach ein paar Minuten war alles vorbei – die vermeintliche Polizistin stand nur noch mit einem knappen Tanga bekleidet vor Manni und ihre üppigen Brüste hüpften im Takt der Musik etwa fünf Zentimeter vor der Nasenspitze des 50-Jährigen, der immer noch nicht wusste, ob er sich freuen oder eine weitere Schimpfkanonade loslassen sollte, auf und ab. Dann, als die Musik verstummte, die Blonde blitzschnell ihre Sachen zusammensuchte, fand Manni seine Fassung wieder: „Ihr alten Schweinebacken. Da habt ihr mich aber ganz schön hereingelegt ...“ Beifall brandete auf, die Stripperin verschwand, die Gelsenkirchener Männerrunde griff nach neuen Bierflaschen und Zigaretten und Manni musste in dieser Nacht noch mehrmals erzählen, wie es war, als sich die angebliche Polizistin nasennah vor ihm entblößte ...

Wer trinken kann, kann auch arbeiten

Dat „Mutterklötzken" ...

Es war ein besonderer Tag, es war sein Geburtstag, und er hatte Nachtschicht. Nachmittags war Bernd, den sie aber nur Berni riefen, in seiner Stammkneipe „Metropol" an der Ecke Bismarck-/Bickernstraße gewesen und hatte dort ein paar Bierchen gezischt. „Aber Schnaps ist Schnaps und Arbeit ist Arbeit", sagte er sich. So wankte Berni, nach dem Genuss von mehreren Tassen schwarzem Kaffee, doch noch zum Pütt. Und er war, seinem Zustand entsprechend, ungewöhnlich wortkarg. Nur ein Kumpel aus seinem Revier wusste: Berni hat heute Geburtstag. In der riesigen „Consol-Kaue", bevor sie in das Grubenzeug schlüpften, hieb ihm Ernst Kopatz, einer der Transporteure aus seinem Revier, seine schwielige Hand auf die Schulter. „Hallo Berni, alles Gute zum Geburtstag." Berni drehte sich um und nickte nur. „Meine Güte, du riechst ja wie eine Destille, hasse vorher einen genommen?", fragte der untersetzte Transporteur und grinste Berni an. „Jau, hab ein bisken gefeiert. War bei Wolfgang im Metropol." Wenig später gingen sie gemeinsam zum Seilfahrtsschacht.

Auf dem Korb drehte Berni sein Gesicht etwas zur Seite, damit die Kumpel, die neben ihm standen, nicht seinen „schlechten Atem" spürten. Auf der siebten Sohle wartete bereits der Personenzug, der die Mannschaft in die Abbaubetriebe brachte. Berni setzte sich in die Nähe des Ein- und Ausstieges, der während der 15-minütigen Fahrt mit einem Drahtgitter gesichert wurde. Nur das übliche „Glück auf!" durchbrach die Stille, irgendwo zischte eine Druckluftleitung, Pumpen drückten Wasser in die mächtigen Leitungen. Nachts war meist nicht viel los auf der Sohle, und eine Lok brachte den Personenzug ins mehrere Kilometer entfernte Revier. Berni lehnte sich ein wenig zurück und schloss die Augen. „Warum bin ich eigentlich hier. Hätte doch mal blaumachen können", schoss es ihm durch den Kopf. Rumpelnd setzte sich der Zug in Bewegung, passierte laut polternd die erste Wettertür, dann kehrte für eine Weile Ruhe ein, unterbrochen nur von dem metallischen „Tock, Tock", wenn der Wagen einen Schienenstoß überquerte.

Harte Nachtschicht

Am Blindschacht stiegen sie aus, der Lokfahrer schob den Personenzug auf ein Nebengleis und am Stapel begrüßte Anschläger

Gerd Bongers die Nachtschichtler. Er war brummig wie immer. Zehn Kumpel stiegen auf den Korb, niemand sprach ein Wort. „Eine Nachtschichtwoche iss wie zwei Wochen Morgenschicht", erklärte Berni einmal seinem Freund Jupp Köster, der gleich nach seiner Lehrzeit auf dem Pütt in die freie Wirtschaft oben in der Stadt gewechselt war. „Du kennst ja keine Nachtschicht und kannst daher auch nicht mitreden. Iss immer hart." Köster kannte die Arbeit in ewiger Nacht tatsächlich nur aus Erzählungen seines Freundes. „Dann schmeiß doch die Brocken hin und komm zu uns, bei uns werden immer gute Leute gebraucht", hatte Jupp schon mehrfach seinem Kumpel erklärt. Doch der winkte ab: „Ich bleibe auffm Pütt."

In dieser Nachtschicht war Berni zum Säubern der Bandstrecke eingesetzt. Eine schweißtreibende Arbeit. Entlang des Förderbandes und vor allem an der Übergabe sammelte sich oft links und rechts das schwarze Gold an. Es fiel einfach vom Gummiband und landete in der Strecke, bildete eine schwarze Spur, die immer höher und größer wurde und bald den Fahrweg versperrte. Da war Handarbeit gefragt. Berni musste zur Pannschüppe greifen. Er kam schon ins Schwitzen, als er an die Maloche dachte. Zusammen mit Ernst ging er den Förderberg hinunter. „Mach's gut, Berni, bis nachher ma, ich komm ma vorbei. Und halte die Ohren steif." Er grinste seinen Kumpel an, der sich brummend auf eine Gezähkiste an der Übergabe setzte. Bernd stand wieder auf, zog seine Jacke aus, hängte sie in den Stoß und nahm seine Kaffeepulle und das Dubbelpaket heraus. Die Geräusche, die an sein Ohr drangen, waren ihm vertraut. Er schloss einen Moment die Augen. „Jetzt schlafen?", dachte er. Nur mühsam überwand er den Tiefpunkt, biss lustlos in die Kniffte und spülte mit einem Schluck Kaffee nach. Das Gummiband bewegte sich fast geräuschlos.

Lichter kamen aus der Dunkelheit auf Berni zu. Ernst Kopatz und Kurt Sankowiak standen plötzlich neben ihm an der Kiste. „Wir fördern Holz. Dauert aber nicht sehr lange. Passt mal etwas mit auf", sagte Kopatz, während sich Aufsichtshauer „Sanko" an der Übergabe umsah. Berni stand auf, verstaute seine Kniffen mäusesicher an einem Schießdraht und leuchtete auf das Band. Dort rauschten etliche Stempel an ihm vorbei. Der Aufsichtshauer und sein Kumpel Kopatz waren wieder aus seinem Blickfeld verschwunden. Die Dunkelheit hatte sie geschluckt. Berni grinste und befestigte die Lampe an seinem Helm. Nun konnte er ungehindert einen etwa drei Meter langen Stempel vom Band ziehen. Er warf ihn neben die Gezähkiste. Das Transportband zog unaufhörlich an ihm vor-

Bergwerksdirektor Ulrich Grotowski erläutert Mitte der 1970er-Jahre den geplanten Umbau und die Erweiterung der Zeche Hugo in Buer.

bei. Den Geruch des Bandes, der Rollen, des Holzes und der Kohlen erfüllte die Strecke. Berni liebte diesen untertägigen Duft.

Eingeschlafen

Aus der Eisenkiste holte der Bergmann eine Säge und legte den Stempel auf die Kiste. Er nahm wie gewohnt Maß: „Küppersbuschmaß" nannten die Kumpel die Spannbreite, zwischen Daumen und kleinem Finger. Gekonnt führte Berni die Säge, den Rest des Stempels schob er unter das Band: „Meine Ablösung braucht sicherlich auch noch Holz." Die Säge verstaute er wieder in der Kiste und nahm einen stabilen Gummiring, zwei Beile und ein langes Stück Schießdraht heraus. Minuten später hatte Berni die wichtige Holzarbeit gekonnt erledigt. Zufrieden umwickelte er den Holzklotz mit dem Draht und stellte ihn auf die Gezähkiste. Der Kumpel gähnte geräuschvoll. „Meine Güte, bin ich müde." Er packte das sauber bearbeitete „Mutterklötzchen" und kroch unter dem Band hinweg auf die andere Seite, die nicht als Fahrweg genutzt werden konnte, aber dennoch so breit war, dass hier ein Mann Platz hatte. Berni legte das Holzstück hin, es staubte mächtig, schwarze Kohlewolken hüllten ihn plötzlich ein. Er schaltete seine Lampe aus und streckte sich auf dem Liegenden aus. Das Mutterklötzken schob er unter seinen Kopf. Minuten später war er eingeschlafen. Das Band lief weiter.

Ernst Kopatz kam den Förderberg herauf. Verdutzt sah er sich um. „Hallo Berni, wo bisse?", rief er laut, in Höhe der Übergabestelle, denn er musste das Geräusch des Bandes übertönen. Er blieb an der Stelle stehen, wo er seinen Kumpel mit der Pannschüppe vermutete. Kopfschüttelnd ging er auf und ab. Berni blieb jedoch verschwunden. Ein Lächeln huschte über das Gesicht von Ernst Kopatz, als er sich bückte und dabei seine Lampe vom Helm nahm. Er leuchte damit den dunklen Bereich unter dem Gummiband ab. Ernst, der Transporteur, lachte laut los, als er seinen Kumpel, der mit seinem Kopf auf dem „Mutterklötzchen" lag, sah. Verschlafen rappelte sich Berni verdutzt hoch und starrte den Bergmann an: „Ich habe nur kontrolliert, ob ich hier auch ‚scheppen' muss, reich mir mal die Pannschüppe." Ernst sagte nichts, drehte sich um und gab die Schaufel, die neben der Gezähkiste lag, wortlos dem müden Bernd in die Hand. Der hätte besser doch zu Hause bleiben sollen.

Regelmäßig besuchten Delegationen der Berufsfeuerwehr die Zechen in ihrer Heimatstadt. Sie frischten so ihre Ortskenntnisse auf, um im Falle eines Einsatzes ohne Schwierigkeiten an den Einsatzort zu kommen. Das Foto zeigt eine Feuerwehrgruppe in den 1960er-Jahren auf der Zeche Hugo.

Der Ärger mit den Türen

Renovierung mit Folgen

Die Renovierung der Wohnung war schon längst überfällig. „Guck dir mal unsere Nachbarn an, die Schwittaleks und die Grüners, die haben ihre Bude in Schuss. Und du sitzt den ganzen Tach im Taubenstall. Mach endlich, dasse ausse Pötte komms", raunzte Gisela, die aber von allen nur Gilla gerufen wurde, eines Tages ihren Mann an, der nach dem Morgenkaffee schon sehnsüchtig durch das Küchenfenster in Richtung Garten schielte, wo das gepflegte Taubenhaus stand. „Ja, du hast ja recht. Unser Jürgen hat ja versprochen, uns bei de Renovierung zu helfen", antwortete der alte Bergmann Kurt Schlossarek und goss sich noch eine Tasse Kaffee ein. Die hagere Gilla atmete durch. Endlich, dachte sie, stand auf und ging zum Küchenschrank, nahm aus einer Schublade einen Zollstock heraus und reichte ihn ihrem Mann, der sie zunächst mit großen Augen anschaute.

Gelsenkirchener Barock, so nannte man eine solche Wohnzimmereinrichtung damals. Gelsenkirchen steht hier stellvertretend für das Arbeitermilieu der deutschen Kohle- und Stahlindustrie im Ruhrgebiet.

Doch Kurt hatte verstanden. Er suchte sich einen Zettel, einen Stift und nahm Maß. „Die Türen müssen auch erneuert werden, hasse mir versprochen. Die stammen doch noch aus der Zeit, als Kaiser Wilhelm regierte“, keifte die Hagere. „Dat kann ich abba nich selber machen, da muss eine Firma ran. Die können so watt. Ich bin nur ein einfacher Kumpel. Für so watt brauchse Spezialisten.“ Mit der Antwort gab sich die Hagere überraschend schnell zufrieden. Zwei Tage später stand ein freundlicher Monteur in der Bergmannswohnung und nahm ebenfalls Maß. Tür für Tür des Hauses an der Kneebuschstraße wurde penibel vermessen. Die Daten und Angaben peinlich genau auf einen Bogen mit Millimeterpapier übertragen.

„Söhlige Baustelle“

Kurt behagte die ganze Renovierung ja eigentlich nicht. „Mann, dat viele Geld, für so'n bisken Holz“, brummte er, aber so, dass es Gilla nicht hören konnte. Denn insgeheim hatte Kurt schon an den Kauf einer weiteren Spitzentaube gedacht. Doch aus war der Traum.
Sohn Jürgen erschien im Schlag und sah seinen Vater mitleidig an: „Mann, Vadder, da hasse aber demnächst ne söhlige Großbaustelle inne Bude.“ Kurt nickte nur, seufzte schwer. Sie gingen durch den Garten in die Siedlungswohnung und genehmigten sich ein Fläschchen Bier. Gisela Schlossarek begrüßte ihren Sohn herzlich. „Na, hasse den Papa endlich rumgekriecht, die Bude zu renovieren. Wurde auch ma Zeit. Mann, wie die Türen auch aussehen. Die sind doch noch von Anno Tuck“, lachte Jürgen. Seine Mutter grinste, sein Vater schmollte. „Jürgen, dat weiße doch auch, die Türen und die Rahmen sind total verzogen. Pappa sacht, dat kommt vom Berchbau. Glaub ich aber nich“, warf Gilla ein. Jürgen grinste und meinte: „Holz arbeitet im Gegensatz zu Beamten. Dat verzieht sich mitte Zeit. So Pappa, jezz sach ma, wat Sache iss und wo wir beginnen.“

Innerhalb der nächsten Wochen renovierten Kurt und Jürgen die Wohnung. Die Türrahmen entfernten sie ebenfalls, damit sie danach tapezieren konnten. Der Termin für die Lieferung sämtlicher bestellter Türen rückte langsam näher. Kurt Schlossarek bestand darauf, weil er Geld sparen wollte, die Türen und Rahmen selbst zu entsorgen. Am Tag vor dem eigentlichen Einbautermin der neuen Eichenholztüren trugen Jürgen und Kurt die alten, weißen Türen, die noch zur Erstausstattung des Siedlungshauses gehört hatten, in den Garten. Hier wurden sie mit einer Handkreissäge in handliche Stücke zerlegt. Zufrieden standen Vater und Sohn, kritisch beäugt von Gilla, vor dem Holzhaufen. Die Männer gönnten

sich eine Flasche Bier. „So, Vatter, bis morgen. Ich schau ma nache Schicht vorbei. Die Monteure machen dat schon. Keine Bange." Kurt nickte seinem Sohn kurz zu. Der verschwand aus dem Garten.
Gisela blickte immer noch skeptisch auf den Holzstapel: Das waren einmal die Türen unseres Hauses, dachte sie.

Sechs Wochen ohne Türen

Am anderen Morgen um 8 Uhr stand Kurt schon vor dem Haus und hielt Ausschau nach dem Lieferwagen und den Monteuren. Nichts. Es wurde 9 Uhr, 10 Uhr, und immer noch kein Auto in Sicht. Kurt und Gilla wurden langsam unruhig. „Sind ja Handwerker, die sind bestimmt noch auf einer anderen Baustelle", tröstete Kurt seine Frau, die bald ein mulmiges Gefühl hatte.

Kurt ging wieder auf die Straße, lief bis zur Ecke Kolbstraße. Da kam sein Nachbar Grüner vorbei. „Glück auf Kurt", grüßte er den Bergmann. „Na, warteste auffe Kohlen, oder warum stehse hier herum?" „Hasse vergessen, dat wir renovieren? Die Gilla liecht mir schon seit Wochen auffe Seele mit ihrem Verschönerungstick. Ne, ich warte auf die neuen Türen. Die müssten eigentlich schon hier sein", antwortete Kurt.
Grüner stellte sein Fahrrad ab und sah Kurt Schlossarek an. „Türen?", fragte er und sah den erstaunten Nachbarn an. „Ja, wat is denn daran so schlimm?" Grüner holte tief Luft. „Ich bin gerade anne Ei-

Auf der Kokerei der Zeche Graf Bismarck, die bereits 1966 schloss, wurde noch bis 1973 Koks gedrückt.

senbahnüberführung anne Bismarckstraße vorbeigekommen. Kennse ja, und wat iss passiert, der Fahrer hat wohl gepennt und nicht die Warnschilder beachtet. Da lagen etliche Türen auffe Straße, auffem Pflaster." Schlossarek atmete tief durch. „Dat müssen ja nich unsere gewesen sein. Abba nachfragen kostet ja nix – Danke." Kurt ging ins Haus und Grüner stieg aufs Rad vondannen. Ein paar Minuten später stand Schlossarek wieder auf der Straße, stieg auch aufs Rad und fuhr in Richtung Ruhrzoo. Dort gab es eine Telefonzelle. Er wählte die Nummer der Firma, die in Wattenscheid ansässig war.

Mit einem langen Gesicht kehrte er anschließend nach Hause zurück, wo seine Frau Gilla ihn mit fragendem Blick erwartete. „Und wat iss, waren dat unsere Türen oder nich." Kurt sagte nichts und nickte nur: „Da war ich wohl ein bisken zu voreilig."

In der Nachbarschaft machte die Geschichte von den Türen schnell die Runde, aber sechs Wochen später stand der Wagen mit den Monteuren endlich vor der Tür, diesmal hatte der Transporter einen anderen, sicheren Weg, der in die Siedlung rund um die Kneebuschstraße führte, gewählt.

Der „Binnenschiffer“ ...

... hat’s nicht leicht

Durch einen Zufall wurde Günter Buchholz 1968 Bergmann im Ruhrrevier. Damals war der in Temptin (Brandenburg) 1942 geborene Buchholz noch Binnenschiffer. Doch die Kohlenkrise machte sich auch auf den Binnengewässern bemerkbar, so dass Günter Buchholz eine neue Arbeit brauchte. So saß der Schiffsführer im Herbst 1968 in der Arbeitsvermittlung für Binnenschiffer, die sich in einem Gebäude an der damaligen Schleuse 7 des Rhein-Herne-Kanals befand. „Mit ihrem Patent können Sie sich den Hintern abwischen“, erklärte der Arbeitsvermittler dem Schiffer. Dabei schaute Günter Buchholz aus dem Fenster und sah im Hintergrund die Fördertürme und die Kamine der Zeche „Friedrich der Große“. „Dann werde ich Bergmann“, entgegnete der Schiffsführer dem verdutzten Gegenüber. Der lächelte milde und antwortete: „Sie wissen ja gar nicht, auf was Sie sich da einlassen. Von diesem Job haben Sie ja keine Ahnung.“

Günter Buchholz bei Senkarbeiten im Untertagebetrieb der Zeche Consol. Der Kumpel hatte seine bergmännische Laufbahn einst auf der Herner Zeche Friedrich der Große begonnen.

Günter Buchholz ließ sich von seinem Vorhaben nicht abhalten und wurde auf „Friedrich der Große“ – im Volksmund „Piepenfritz“ genannt – angelegt. Bis 1973 blieb er dort, dann zog der Kumpel, der unter Tage nur der „Binnenschiffer“ genannt wurde, weiter und malochte auf anderen Pütts des Reviers. Über

Waltrop kam der Bergmann nach Gelsenkirchen. Inzwischen war er bei einem großen deutschen Unternehmen, das in Wanne-Eickel ansässig ist, als Mädchen für alles im Untertagebetrieb im Einsatz. „Ob Gleisbau, Strecken durchsenken oder als Rauber im Streb, alles habe ich dort gemacht", verrät Buchholz, der von 1984 bis 1989 auf Consol einfuhr.
Günter Buchholz:
„Einmal war ich mit meinen Kumpel in Richtung Schacht 5 unterwegs. In der Strecke stand Wasser, weil die Pumpen in dieser Senke ausgefallen waren. Keiner wollte vorangehen. Ich habe es gewagt, weil ich den Weg kannte. Das Wasser reichte uns damals bis zur Brust", erzählt Buchholz, aber alles war gut gegangen.

Spiel verpfiffen – rausgeflogen

Günter Buchholz stand auch als Fußballschiedsrichter auf dem grünen Rasen. Einmal pfiff er ein Spiel um die Jugend-Westfalenmeisterschaft. Auf dem Platz standen sich die Nachwuchsteams vom DSC Wanne-Eickel (der Hauptsponsor war der Arbeitgeber Günter Buchholz') und Schloss Neuhaus gegenüber. „Unter den Zuschauern befand sich auch mein damaliger Obersteiger, erzählt er. „Der warf mir nach dem Schlusspfiff vor, ich hätte den DSC benachteiligt. Und was dann folgte, ist eigentlich kaum zu glauben: Danach war es mit meiner Tätigkeit auf Consol vorbei, und ich wurde strafversetzt", argwöhnt Buchholz, der aber trotzdem dem Bergbau bis 1993 treu blieb und danach unter anderem als Busfahrer seinen Lebensunterhalt verdiente.
An seine Zeit auf den Pütts des Reviers erinnern ihn noch heute die Alarmglocke, das Signal-Endstück einer Seilbahn und etliche Fotos.

Bekannte Gelsenkirchener Kumpel

Fußballer, Künstler, Schriftsteller ...

Der Maler Anton Stankowski (1906 bis 1998) arbeitete nur kurzzeitig auf einem Gelsenkirchener Pütt. Er stammte aus einer alten Bergmannsfamilie. Sein Vater und sein Großvater malochten einst auf der Zeche Alma. Nach seiner zweijährigen Bergmannszeit erlernte Stankowski den Beruf des Dekorations- und Kirchenmalers und entwickelte sich hier künstlerisch weiter. Er prägte einst den Satz: „Ob Kunst oder Design ist egal – nur gut muss es sein."

Blick auf Alma. Hier arbeiteten schon Stankowskis Vater und Großvater.

Many Szjestecki wurde 1931 in Breslau geboren und kam 1947 ins Revier. Zunächst lernte er den Beruf des Bergmannes, später wurde der künstlerisch begabte Gelsenkirchener Steiger und Bergingenieur. Seit 1965 ist Szjestecki als Maler tätig. Von 1992 bis 1994 gestaltete der Bueraner Steiger die U-Bahnstation am Trinenkamp. Das Thema war: „Unter Gelsenkirchen".
Zu den Gelsenkirchener Vorzeige-Kumpeln gehört die Schalke-Fußball-Legende Ernst Kuzorra (1904 bis 1990). Auch Willi Koslowski (geboren 1937), genannt „Der Schwatte", malochte einst als Kumpel. 1955 legte das Mitglied der 58er-Meistermannschaft sogar die Hauerprüfung ab. Reinhard „Stan" Libuda

(1943 bis 1992) lernte auf dem Schalker Pütt Consol den Beruf des Schlossers. Brach aber die Ausbildung vorzeitig ab und wurde Fußballprofi.

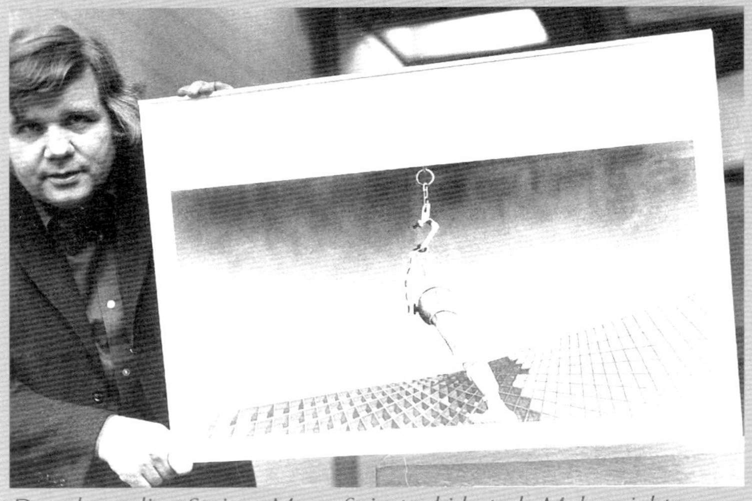

Der ehemalige Steiger Many Szjestecki hat als Maler nicht nur in Gelsenkirchen künstlerische Spuren hinterlassen.

Josef Büscher wurde 1918 in Oberhausen geboren, arbeitete aber jahrelang auf einem Pütt in seiner Geburtsstadt und danach auf Nordstern. Als Büscher 1983 in Gelsenkirchen-Horst starb, hinterließ er der Nachwelt ein umfangreiches literarisches Werk. In seiner Wahlheimat erinnert heute ein Platz an den bekannten Ruhrgebietsautor.

Richard Limpert, der von 1922 bis 1991 lebte, machte sich ab den 1960er-Jahren als Arbeiterdichter einen Namen. Der in Gelsenkirchen geborene Limpert war ab 1957 auf mehreren Zechen im Revier bis zu seiner vorzeitigen Pensionierung im Jahre 1979 als Fördermaschinist und Betriebsratsmitglied tätig.

Thomas Such, in der Musikszene besser als „Tom Angelripper" oder „Onkel Tom" bekannt, wurde 1963 in Gelsenkirchen geboren. Nach dem Besuch der Realschule legte er auf der Zeche Hugo an, wurde Schlosser und malochte einige Zeit auch unter Tage. Er ist mittlerweile der führende Kopf der Band „Sodom". Aber auch in anderen Gruppen, darunter bei den „Knappen", trat der Bassist in der Vergangenheit auf.

Detlef Lauster, der sich „Magic Lauster" nennt, wurde 1962 in Hagen geboren. Auf der Zeche Nordstern ließ sich der Musiker, der auch als singender Bergmann bekannt ist, zum Schlosser ausbilden. Aber die Arbeit im Untertagebetrieb des Pütts gefiel ihm nicht so recht; er träumte von einer Musikerkarriere. Mit einem Chor nahm Lauster 1997 in 758 Metern Tiefe das Lied „Wir im Revier" auf. Damit schaffte der singende Gelsenkirchener einen Eintrag ins Guinnessbuch der Rekorde.

ES WAR EINMAL

70 SCHACHTGERÜSTE PRÄGTEN DAS GELSENKIRCHENER STADTBILD

Lange bevor der irische Ingenieur Thomas Mulvany ins Ruhrgebiet kam, um hier mit ausländischem Kapital professionell nach Kohle zu suchen, ließ der Gelsenkirchener Landwirt von Oven auf einem seiner Felder Mutungen zu. Später übernahm Mulvany die Grubenfelder und er gründete die Bergwerksgesellschaft Hibernia und die ersten modernen Kohlengruben entstanden. Im Laufe der nächsten 50 Jahre wurden weitere Schächte in den Boden getrieben. Zwischen Rotthausen und Hassel und Heßler und Bismarck entstanden so elf Bergwerke, die einmal über 70 Schächte verfügten. Wurde aber ein Schacht nicht mehr zur Wetterführung oder Seilfahrt benötigt, erfolgte die Verfüllung. Bis April 2000 war Gelsenkirchen noch eine Bergbaustadt, in der Tausende von Kumpeln unter und über Tage in Arbeit und Brot standen. Der letzte Gelsenkirchener Pütt, die Schachtanlage Hugo in Buer, wurde danach teilweise abgerissen und die Schächte verfüllt. Heute erinnern in Gelsenkirchen nur noch an verschiedenen Stellen Fördergerüste und Zechengebäude, wie auf Hugo, Consol und Wilhelmine Victoria, an die jahrhundertelange Bergbautradition in der Stadt, die 1855 mit dem Abteufen von Hibernia begann.

DIE GELSENKIRCHENER ZECHEN IM ÜBERBLICK

Bergmannsglück, 1903 abgeteuft und 1980 aufgegeben. Die höchste Jahresförderung erreichte man 1942. Es wurden 1,25 Millionen Tonnen Kohlen gefördert. Auf dem Pütt in Buer-Hassel waren damals 3060 Kumpel beschäftigt.

Consolidation – in Gelsenkirchen aber nur Consol genannt – wurde ab 1862 geteuft. Der erste Consolschacht befand sich einst in der Nähe des Schalker Marktes. Der Schacht wurde 1977 abgeworfen. Insgesamt verfügte dieses Bergwerk über neun Schächte, die bis 1922 geteuft und bis 1997 verfüllt wurden. Die höchste Förderung erreichte Consol im Jahre 1977. Damals bauten die 5846 Bismarcker Kumpel rund 3,2 Millionen Tonnen Kohle innerhalb eines Jahres ab. Später erfolgte ein Zusammenschluss der Grubenfelder von Consol mit Nordstern und Hugo.

Dahlbusch, hier erfolgten erste Abteufversuche bereits 1849. Dieser Schacht konnte aber erst nach technischen Schwierigkeiten 1860 in Betrieb gehen. Bereits 1927 erfolgte die Verfüllung von Dahlbusch 1. Weitere sieben Dahlbusch-Schächte wurden bis 1916 im

Bereich Rotthausen abgeteuft. Die Stilllegung des kompletten Bergwerkes fand 1966 statt. Es folgte die Verfüllung aller Schächte. Die höchste Jahresförderung meldete der Pütt im Jahr 1913. Damals bauten die 4215 Beschäftigten 1,2 Millionen Tonnen Kohle ab.

Der Chor der ehemaligen Zeche Consolidation tritt auch heute noch bei zahlreichen Konzerten auf.

Graf Bismarck ging ab 1873 in Betrieb. Dieser Pütt im Stadtteil Erle verfügte über insgesamt zehn Schächte. Schacht 10 ging erst 1954 in Betrieb, wurde dann ab 1971 der Zeche Ewald in Herten überlassen. Nach der Stilllegung der Hauptschachtanlage im Jahre 1967/68 erfolgte die Verfüllung der restlichen Schächte. Nur Schacht 10 war noch bis 1996 betriebsbereit. Auch er wurde im Jahr 2000 abgeworfen und verfüllt. Die höchste Förderung des Pütts lag 1943 bei 3,02 Millionen Jahrestonnen. Damals waren 8251 Kumpel in dem Bergwerk in Erle tätig.

Hibernia gilt als die Urzelle des Gelsenkirchener Bergbaus. Dort war Teufbeginn im Jahr 1855. Drei Jahre später ging der Schacht in Betrieb. Die Stilllegung des Schachts erfolgte 1961, eine Verfüllung schloss sich an. Bis 1894 wurden noch zwei weitere Hibernia-Schächte abgeteuft. Ihr Abriss fand 1964 statt. Die höchste Jahresförderung erreichte der Pütt im Jahre 1884. Damals entnahmen die Kumpel knapp 500 000 Tonnen „schwarzen Goldes" dem Berg. Über die Zahl der Beschäftigten ist nichts bekannt.

Das Kraftwerk der Zeche Bismarck.

Hugo ging ab 1878 in Buer in Betrieb. Bis 1962 wurden im Hugo-Grubenfeld weitere sieben Schächte abgeteuft. Nach 2001erfolgte die Verfüllung aller Schächte. Die höchste Kohleförderung erreichte dieser Pütt im Jahre 1980. Damals holten 5037 Bergleute rund 3,5 Millionen Tonnen Kohle aus dem Schacht.

Nordstern war einst das nördlichste Bergwerk des Reviers. 1868 ging der Schacht 1 nach mehreren Abteufversuchen endlich in Betrieb. Danach wurden bis 1911 noch drei weitere Schächte, die zu Nordstern gehörten, geteuft. 1994 kam das Aus, das mit der Verfüllung der Schächte endete. Ein Teil der Tagesanlage am Rhein-Herne-Kanal ist erhalten und auch weiterhin für Besucher zugänglich.1981 erreichte das Bergwerk seine höchste Jahresförderung. Die 3254 Kumpel in Horst bauten damals rund 1,9 Millionen Tonnen Kohle ab.

Rheinelbe und Alma gehörten ab 1877 zu Ückendorf. Elf Schächte ließen die Besitzer im großen Grubenfeld einst abteufen. 1979 verschwand das Bergwerk jedoch gänzlich aus dem Stadtbild. Die höchste Förderung erreichte das Verbundwerk im Jahre 1913. Die 7775 Kumpel förderten in diesem Jahr 2,18 Millionen Tonnen Kohle.

Scholven war der kleinste Pütt in Gelsenkirchen. Die beiden Schächte im Gelsenkirchener Stadtteil Scholven wurden ab 1908 geteuft und nahmen drei Jahre später die Förderung auf. Der Abriss der Anlage erfolgte 1963. Die höchste Förderung erreichte die Zeche im Jahr 1960, als 3534 Bergleute hier knapp eine Million Tonnen Kohle abbauten.

Hafen der Zeche Nordstern.

Westerholt, im Norden der Stadt gelegen, ging erst 1910 in Betrieb. Bis 1968 wurden weitere fünf Westerholt-Schächte abgeteuft. 2009 kam das Aus für das Bergwerk am Rande von Gelsenkirchen. 1982 förderten hier 4024 Bergleute rund 2,5 Millionen Tonnen Kohle. Es war das beste Förderjahr in der fast 100-jährigen Zechengeschichte.

Wilhelmine Victoria nahm 1861 den Betrieb auf. Bis 1900 kamen weitere drei Schächte im Gelsenkirchener Ortsteil Heßler hinzu. Der Pütt wurde 1973 stillgelegt, aber erst zehn Jahre später erfolgte die Verfüllung der Schächte. Die höchste Jahresförderung erreichte der Pütt im Jahr 1926. Damals waren 2654 Kumpel auf Wilhelmine-Victoria angelegt, sie bauten rund 840 000 Tonnen Kohle ab.

Die Zeche Westerholt, die 2009 geschlossen wurde, bildete von 1960 bis 1980 zusammen mit Bergmannsglück eine Verbundanlage im Norden der Stadt.

Abriss der Zeche Wilhelmine Victoria.

Über den Autor

Friedhelm Wessel wurde 1944 kriegsbedingt in der Nähe von Detmold geboren, wuchs aber im Ruhrgebiet auf. Nach einer Handwerksausbildung – eigentlich sollte er Ingenieur werden – zog es den jungen Herner in die weite Welt hinaus. Er war als Monteur im In- und Ausland, als Reiseleiter in Europa unterwegs und bei einer kleinen Filmfirma zeitweise als Produktions- und Regieassistent tätig. Ab 1970 verdiente der leidenschaftliche „Ruhrie" sein Geld als freier Journalist zwischen Duisburg und Dortmund. Von 1973 bis zu seiner Pensionierung im Jahre 2007 gehörte er als Redakteur den Lokalredaktionen der Ruhr Nachrichten in Gelsenkirchen und Bottrop an. Seit 2007 widmet er sich als Autor der vielschichtigen heimatgeschichtlichen Aufarbeitung des Reviers. Seitdem hat Friedhelm Wessel zwölf Bücher – darunter auch „Hasse 'ne Pille zum Pöhlen?" – erschienen 2008 im Herkules Verlag, verfasst.

Weißt du noch?
Schalke 04
Geschichten und Anekdoten
von Friedhelm Wessel
88 S., gebunden, zahlr. S/W-Fotos
ISBN 978-3-941499-60-7

„Hasse 'ne Pille zum Pöhlen?"
Fußballgeschichten aus'm Revier
von Friedhelm Wessel
88 S., gebunden, zahlr. S/W-Fotos
ISBN-978-3-937924-93-9

Alltagsgeschichten Westdeutschland

Oh je, wie doch die Zeit vergeht –
Geboren in den 20ern
von Geo Kaef
80 S., gebunden, zahlr. S-w-Fotos
(ISBN 3-937924-19-1)

Oh je, wie doch die Zeit vergeht –
Geboren in den 30ern
von Jochen A. Veeser
80 S., gebunden, zahlr. S-w-Fotos
(ISBN 3-937924-20-5)

Oh je, wie doch die Zeit vergeht –
Geboren in den 40ern
von Wolfgang Rudolph
80 S., gebunden, zahlr. S-w-Fotos
(ISBN 3-937924-21-3)

Oh je, wie doch die Zeit vergeht –
Geboren in den 50ern
von Günther Klugermann
80 S., gebunden, zahlr. S-w-Fotos
(ISBN 3-937924-22-1)

Oh je, wie doch die Zeit vergeht –
Geboren in den 60ern
von Andreas B. Krause
88 S., gebunden, zahlr. S-w-Fotos
(ISBN 978-3-937924-69-4)

Herkules Verlag • Richard-Strauß-Straße 33 • 34128 Kassel • (0561) 9 37 17 38 • www.herkules-verlag.de